JN040114

少子化対策したら人も街も幸せになったって本当ですか？

ひろゆき（西村博之）
泉房穂（明石市長）

KADOKAWA

はじめに――泉 房穂

「黒から白へ」子育て政策へ期待が高まる日本

「日本は少子化だ」

そんなセリフはおそらく、皆さんすでに耳にタコ状態だと思います。そして決まって続くのは、

「この不景気で子育て支援に費やす予算はない。どうする日本！」

……という感じでしょうか。うんざりしますねぇ。

しかし、断言します。

国が子育て支援に割ける予算はいくらでもあります。地方自治体でも同じこと。予算はあるのに、それを動かそうとする人がいないだけなんです。

そもそも、日本で少子化問題の議論がスタートしたのは、今から40年も前のこと。その頃からすでに少子化による人口減が叫ばれていたにもかかわらず、政府はほぼスルーしてきました。

理由は簡単です。少子化や子育て政策に力を入れると宣言すると、高齢化社会の日本では選挙の票が集められないから。そして、子育て政策に注力しても、利権に絡めないので美味しい思いができないからです。まえがきから辛口トークですみません。でも、これが本音です。

ところが、ここ数年で、状況は大きく変わりつつあります。

私が市長を務める兵庫県明石市では、子育て政策が功を奏し、10年連続の人口増に伴い、過去最高の経済成長を遂げています。すでに周辺13の市町が、子育て政策に舵(かじ)を切り始めました。

さらに今度は、東京23区が、２０２３年度に18歳までの医療費無償化を実現する方針であることを発表しました。これに続いて、横浜市や川崎市などの関東エリアも、子どもの医療費無償化に向けて続々と動き出しています。

加えて、2023年度より、新たに「こども家庭庁」が発足。それに伴い、首相が「将来的に」という限定付きながらも、子育て予算を倍増することを発表したのです。

まるでオセロの石が、黒から白にバーッとひっくり返っているような感覚。20年にわたって子育て政策に携わってきた私としては、ここ数年のこうした動きに目を見張るばかりです。

子育て政策はまさに今、過渡期を迎えようとしています。言わずもがな、子育て政策、および少子化問題は、子どもがいるご家庭、そうでないご家庭、独身者に関係なく、すべての人に関わる問題です。40年以上も放置されてきたこのテーマは、今、大きな転換期を迎え、社会が変わろうとしているのです。

明石市で実現できたことは国でもできる

世の中のそうした動きを受けて、あらためて「少子化」とは何か、子育て政策が日本にもたらすメリットは何なのかを考察すべく、この書籍の制作がスタートしました。そして、おおよその取材が終わりかけた頃、私の市長退任報道が出ました。担当編集の方には「本の刊行は大丈夫でしょうか……?」と大変ご心配をおかけしましたが、なんとか出版までこぎつけ、ほっとしています。

さかのぼれば、私が市長に初就任したのは2011年のこと。途中いろいろありましたが、以来、3期12年にわたって、子育て政策を中心に「誰も排除しない明石市」を目指して街づくりをしてきました。詳しくは本編にありますが、ときに激しすぎるくらいの私の街づくりへの情熱は、自分自身の生い立ちから来る社会への復讐(ふくしゅう)心を原動力としています。〝弱者〟の立場を経験し、気持ちがわかるからこそ、「誰も排除しない」ことにこだわり続けた12年でした。

根気よく続けてきた明石市の子育て政策が評価されている今、私が伝えたいのは、明石市で実現できた政策は、国政でも必ず実現できるということです。

新たな予算は必要ありません。無駄な「検討」もいりません。「決断」と「実行力」

さえあれば、明日からでも取り組めます。「ホンマかいな？」と思われたら、ぜひ、本編をお読みください。私がこれまでに実践してきたさまざまな施策と取り組み方について、詳しくご紹介いたします。

「名物市長」泉房穂と「論破王」ひろゆき

さて、本書は対談形式となっています。お相手は、論破王で有名な、あのひろゆきさんです。

ひろゆきさんとは、アベマの討論番組で何度かご一緒させていただいたことがあります。お会いする前は、周りから「論破されるぞ」とさんざん脅されてドキドキしていたんですが（笑）、実は非常に他人に気を遣う、やさしい人なんですよね。そして何より、少子化についての造詣が深く、子育て本（『僕が親ならこう育てるね』扶桑社）も上梓された実績をお持ちなので、私の政策についても忌憚（きたん）のないご意見をいただけることでしょう。

世界トップレベルの少子化対策を誇るフランスにお住まいなので、現地から、その様子についても語っていただきます。

極めつけに、私たちには共通点があります。

本音トークが過ぎるところです。

少子化や子育て政策から見る日本という国のあり方について、歯に衣着せぬことでお馴染みの2人が、率直に語ってみようと思います。

この本を手に取っていただいた皆様におかれましては、日本の少子化問題に少しでも興味を持っていただいたり、ご自身にとっての「住みやすい街」をイメージすることのきっかけになれば、こんなに嬉しいことはありません。

本書をきっかけに、みんなでよい未来をつくっていきましょう！

少子化対策したら人も街も幸せになったって本当ですか？

目次

第1章

ひろゆき

第 2 章

なんで子育て政策を始めたのか、実際に聞いてみた

第3章

少子化対策って本当のところ「経済対策」なんですか？

第 4 章

フランスと比べて考える日本の子育て事情

第5章

明石市の政策を真似する自治体が増えている!?

第6章

「国でも同じような対策ができる」と訴える理由

第7章 泉さんに政治家引退後の話を特別に聞いてみた

おわりに

第 1 章

そもそも少子化って何が問題なんだろう?

ひろゆき

先進国で少子化が進むのは当たり前

「日本は少子化が進んでいる」

そう言われて、「え？ ヤバいじゃん！」と驚く人は、もはやほとんどいないでしょう。すでにニュースでもさんざん取り上げられていますし、そもそも、日本では40年前から議論されてきたテーマです。今はどちらかと言うと、「少子化を何とかする」のではなく、「少子化でどうやって生き抜くか」にフォーカスされている気がします。

僕たち日本人は、少子化という問題にどう向き合っていくべきか。

あるいは、すでに向き合う必要すらない状況まで来てしまったのか。

これを考える前に、まず、日本の現状を見てみたいと思います。

「合計特殊出生率」というものがあります。いわゆる「出生率」のことで、15歳から

図1　出生数・合計特殊出生率の推移

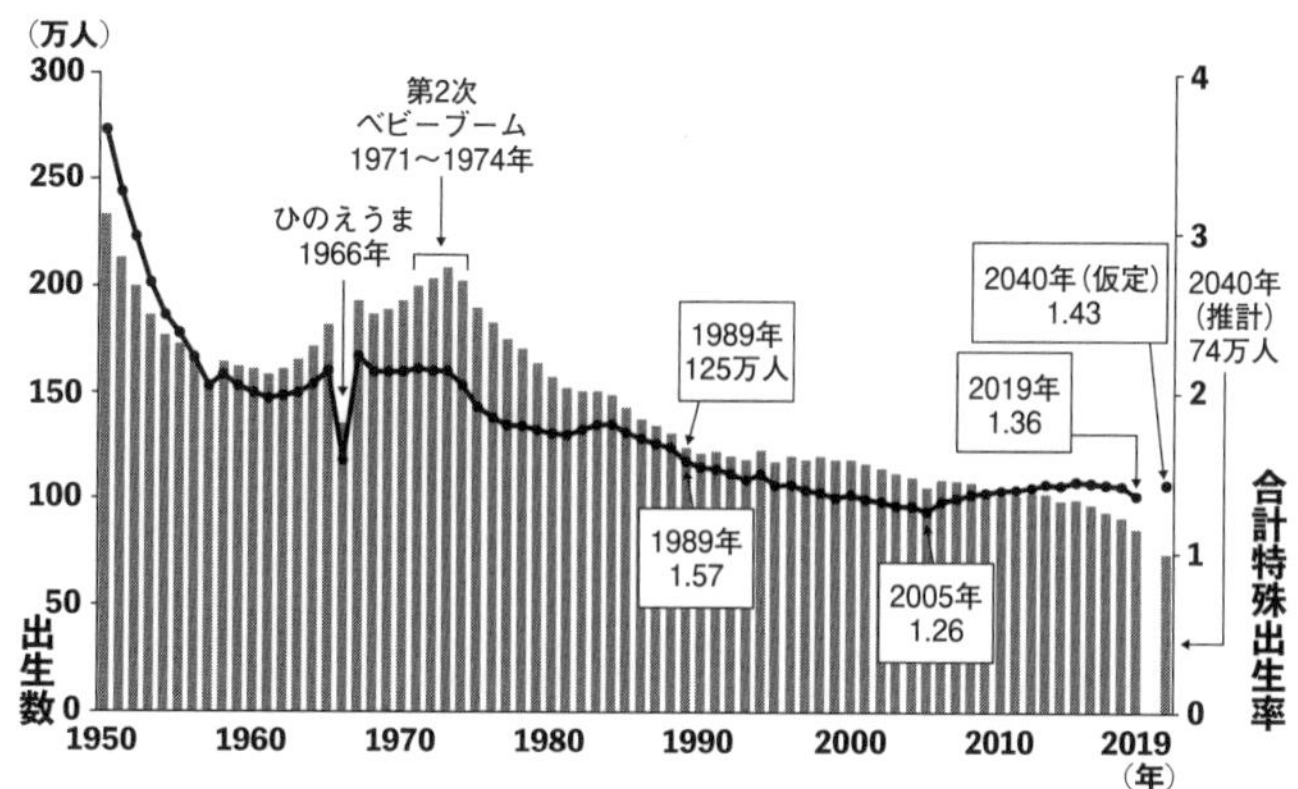

資料：2019年までは厚生労働省政策統括官付参事官付人口動態・保健社会統計室「人口動態統計」（2019年は概数）、2040年の出生数は国立社会保障・人口問題研究所「日本の将来推計人口（平成29年推計）」における出生中位・死亡中位仮定による推計値。

参考：「令和２年版厚生労働白書」（厚生労働省）

49歳までの女性1人あたりが一生の間に産む子どもの平均数を表しています。この数値が「2・07」を超えると現在の人口を維持できるとされていますが、日本は、「2・05」だった1974年から減少傾向にあります。2005年が最も低く、「1・26」をマーク。そこから少しずつ持ち直してはいるものの、2021年時点で「1・30」と、「2・07」を大きく下回っています（図1）。

言うまでもなく、この数値は、今後も日本の人口が減り続けることを意味しています。現在の日本の人口は約1億2000万人ですが、厚生労働省によると、２０６０年には９０００万人を割り込むと推測されています。

もちろん、少子化は日本だけに起きている現象ではありません。アメリカやヨーロッパなどの先進国は、みんなこぞって少子化真っ最中です。出生率で見てみると、アメリカ「１・７」、イギリス「１・６」、ドイツ「１・５」、韓国は「０・８」と１を下回っています。ちなみに、僕が住んでいるフランスは少子化対策に力を入れている国として有名ですが、それでも「１・９」と2を上回ることはできていません。

一方で、出生率の高い国を見てみると、アフリカ諸国が上位を占めます。２０２１年時点のデータによれば、ニジェール「６・８」、ソマリア「６・０」、コンゴ共和国「５・８」、マリ「５・８」。アフリカ、いわゆる発展途上国の出生率が高い理由はさまざまですが、１つは、労働力確保のために子沢山である必要があること。また、子どもの死亡率が高いので、子孫を残すために多く産む傾向にあることが挙げられるでしょう(図2)。

では、なぜ先進国は少子化になるのか。

図2 合計特殊出生率の高い国と主要国の合計特殊出生率

合計特殊出生率の高い国

順位	国名	出生率
1位	ニジェール	6.8
2位	ソマリア	6.0
3位	コンゴ共和国	5.8
4位	マリ	5.8
5位	チャド	5.6
6位	アンゴラ	5.4
7位	ブルンジ	5.3
8位	ナイジェリア	5.3
9位	ガンビア	5.2
10位	ブルキナファソ	5.1

主要国の合計特殊出生率

国名	出生率
フランス	1.9
アイスランド	1.8
ニュージーランド	1.7
アメリカ	1.7
アイルランド	1.7
スウェーデン	1.7
イギリス	1.6
ドイツ	1.5
スペイン	1.2
韓国	0.8

2021年のデータより作成

これを語り出すと、それだけで本が1冊書き上がるくらい深いテーマなので（厳密に言えば、国によって理由もさまざまですし……）、ここでは、僕がリアルに感じる2つの理由について紹介したいと思います。

1つは、先進国は「娯楽が多い」から。

子どもをつくる行為は原始時代からあったわけですが、人々は暇さえあれば子づくりに励むので、そうやってこれまで途切れることなく子どもが生まれ続けてきました。しかし、先進国になると、なかなか暇な時間を与えてくれません。映画を見たり、ゲームをしたり、夜はクラブに行ったり、スマホでサブスクを楽しんだり……。そういった娯楽が人々から子どもをつくる時間を奪っているのが現実です。

1965年に北アメリカ大停電が起き、ニューヨークを中心に大きな被害が出ました。なんとこの年、ニューヨークの出生率が爆上がりし、密かなベビーブームが起きたそうです。もちろん、停電と出生率の因果関係は証明しようがありませんが、出生率が上がったのはこの年だけで、翌年からは正常に戻ったことを考えると、意外と邪推とも言えないんじゃないでしょうか。ちなみに、1977年に起きたニューヨーク大停電や2001年の同時多発テロ、2005年のハリケーンカトリーナの襲来時なども、同じように出生率が上がっているそうです。人間って、複雑そうに見えて意外と単純な生き物なのかもしれません。

もう1つの理由として、先進国では「女性の社会進出率が高い」ことが挙げられます。

男女平等が進むと、仕事をしてそれなりの収入を得て、自立を目指す女性が増えます。しかし、出産をするとなると、20代後半から30代という働き盛りの年齢でキャリアを一度ストップしなければいけません。そのため、「継続して働きたいから子どもを産まない」、あるいは「出産は遅くていい。子どもは1人でいい」という選択肢も生まれてくるわけです。

海外の解決策は「子ども政策強化」か「移民」

こうした理由から、先進国で少子化になることは避けられません。よってもちろん、各国は少子化を問題視し、対策を行ってきました。特にヨーロッパは少子化対策に本腰を入れているため、出生率の低下が下げ止まりし、いくつかの国では上昇傾向にあります。

例としてよく取り上げられるのが北欧の国々です。

スウェーデンは少子化対策が成功した国として有名ですが、1999年に「1・50」だった出生率が、子どもの福祉を重視した家族政策を導入することで、2010年には「1・98」まで回復。全体的に出生率が下がった2020年でも、何とか「1・66」をキープしています。

その具体的な政策を見てみると、代表的なものが、サムボ婚（事実婚）を法律婚と同等に保護する「サムボ法」です。婚外子へのサポートが手厚いので、非婚カップルでも子どもがいるケースも珍しくなく、スウェーデンでは約50％が婚外子として産まれています（ちなみに日本は約2％）。もちろん、その他の各種子ども手当も充実しています。

男性の育児休暇取得率が約80％と、極めて高いのも特徴です（日本は約14％）。スウェーデンでは、パートナー同士の男女で、通算480日の育休を取得することができます。このうち、どちらかが最低90日の育休を取らないと、休み自体が無効になってしまうため、男性の育休取得率が増加したと考えられています。ちなみに、480日のうち390日は給料の80％が保障され、残りの90日は定額給付というのも、かなり手厚い対応です。

もっとも、スウェーデンほかアイスランドやノルウェーなどは、もともと労働力が少なく、昔から女性も積極的に働いていたという土壌があります。女性が社会進出しやすい環境が整えられているため、そういう意味では、先ほど述べたような「女性の社会進出による出生率低下」をクリアできたと言えるかもしれません。

図3　女性の労働力の国際比較

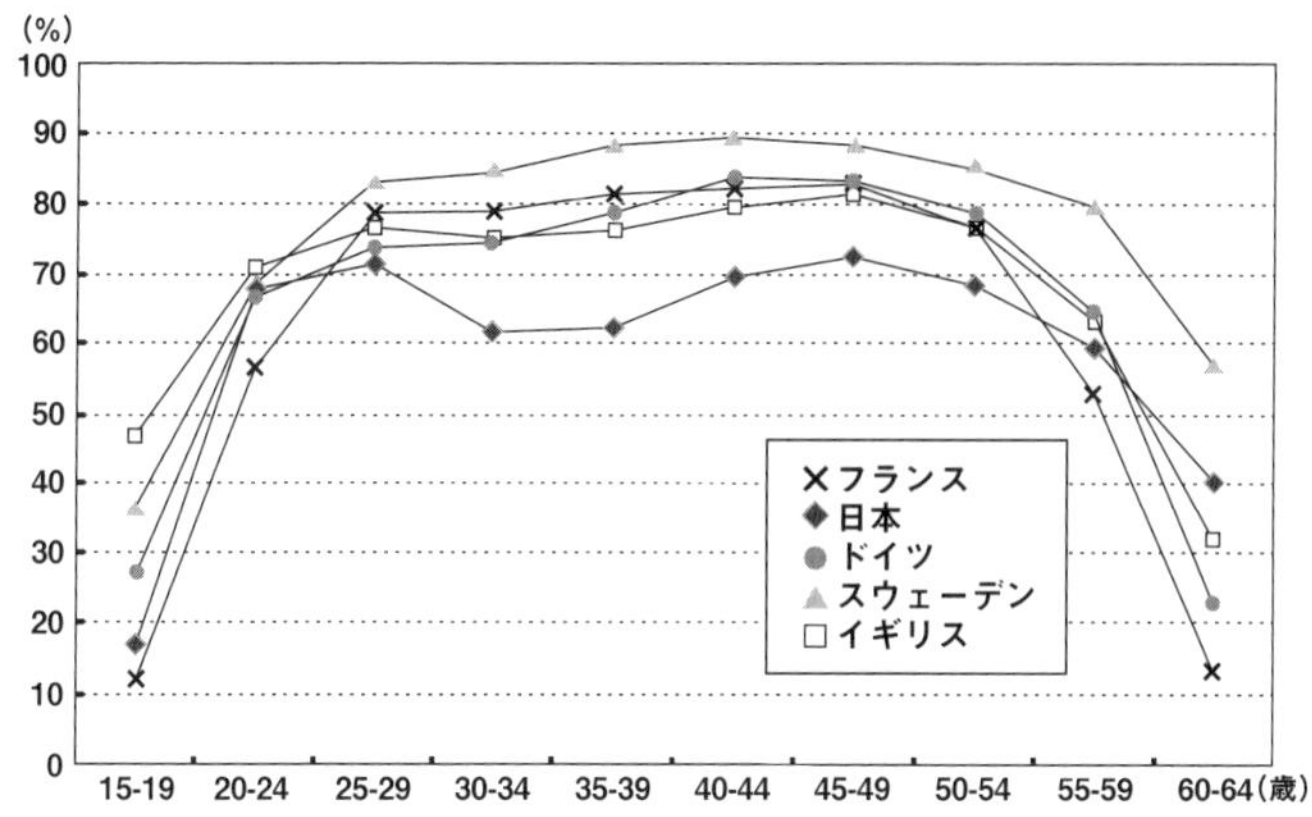

出典:「平成17年国勢調査」(総務省)、「The European Union Labor Force Survey」(Euro Stat)

図は女性の労働力の国際比較です。育児期間である30代で比較すると、日本は一度下がって40代から増えていくのに対し、スウェーデンはほぼ横ばい。出産しても働きやすい環境が、極めて高次に整備されていることがわかりますよね（図3）。

もう1つ、海外には日本にない大きな特徴があります。移民の存在です。

例えば、ドイツやイタリア、カナダなどは、少子化傾向ではあるものの主だった対策はとらず、それでも、むしろ国によっては人口が増え続けています。その理由は、移民を受け入れているから。イギリスやアメリカも移民の流入が多く、比較的高い出生率をキープしており、家族政策には基本的に不介入です。

このように、先進国の少子化においては、スウェーデンやフランスのように、きちんと対策をとって回復した国、ドイツやイタリア、カナダのように移民で凌いでいる国、アメリカやイギリスのように、そもそも少子化があまり問題視されていない国といったパターンに分かれます（山田昌弘『日本の少子化対策はなぜ失敗したのか？』光文社新書）。一言で「先進国の少子化対策」と言っても、その国の文化や周辺国との関係性によって、対応は大きく異なるのです。

無理ゲー社会を果敢に生きる日本の子育て層

では、日本の対策はどうでしょうか。

厳しい言葉かもしれませんが、ほとんど「何もしていない」と言っていいでしょうね。

海に囲まれた日本には移民文化がないので、少子化を何とかしようと思えば、当然、政府が何らかの対策を打たなければいけません。冒頭でも述べた通り、日本では40年前から少子化が議論されてきたにもかかわらず、有効な対策がとられることのないまま、少子化問題はほとんど放置されてきました。

例えば、出産費用。日本で正常分娩をするなら、大体50万円くらいのお金が必要になりますが、保険適用外のために全額自己負担になります。これが例えばフランスなら、社会保障で賄えるため、妊娠や出産にかかるすべての費用は基本的に無料です。ちなみに、子育てや教育にかける公的予算は、先進国の中でも日本は最低レベル。フランスをはじめとするヨーロッパの国々では、日本のおよそ2倍の予算を子ども政策に充(あ)てています。

出産後はどうでしょう。日本男性の育休取得率は約14％と極めて低い数字をマークしており、育児はほぼワンオペ状態が続きます。もっとも、育休制度に関しては日本もまあまあ頑張っていて、育休中180日目までは、給料の実質8割程度の手取りが支給されたりします。ただ、それでも取得率がこれだけ低いことを考えると、「育休って取りづらいよなぁ」といった空気感の根底にあるものはやはり、長きにわたった「少子化問題放置」の大罪に尽きるのではないかと思っています。

加えて、実際に子どもを産むと、育児には出産以上にお金がかかります。出産をためらう一番の理由は、やっぱり「経済的不安」なんです。

昨今の少子化の原因には、「若者が恋愛に興味がなくなった」「結婚や出産だけが人生じゃない」といったような生き方の多様化がフォーカスされることがあります。もちろん、それも要因の１つだと思いますが、内閣府のデータによると、子どもを希望数持たない理由に「子育てや教育にお金がかかりすぎるから」という回答が半数以上を占めています。日本は経済停滞が30年も続いていますが、そんな景気の悪い国では、能天気に「産もう」となれないのは当たり前。価値観の多様化以前に、まず経済基盤を整え、心配ごとなく出産できる環境になってから議論すべきなんです。

そうした不安を払拭（ふっしょく）するため、高等学校の授業料無償化や子ども手当が整備されたのは、驚くべきことに、２００９年のこと。少子化議論が始まったのが40年前であることを考えれば、まるで鉛のような腰の重さです。幼稚園や保育園の無償化が実施されたのは２０１９年。最近だと、２０２２年に不妊治療の保険適用が可能になりました。

国が少子化対策に向けて少しずつ動き出しているのは事実ですが、おそらくもう手遅れでしょう。経済が回り、成長を続ける豊かな国は、子ども政策と教育に思いっきりコストをかけています。高齢者に手厚い政策ばかりに力を入れてきた日本は、それとは真逆の道を突き進んできました。長寿の国になったのと引き換えに、子どもに冷たい国になり、経済がますます落ち込んでいくのは避けられないと思います。

僕がフランスに住み始めて感じたことがあります。それは、子育て層に対して、街全体が温かいということです。

例えば、駅でベビーカーを押している人がいたら、誰かが必ず「助けが必要ですか？」と声をかけてくれます。レストランや公共施設で子どもが騒いでいても、「まあ子どもだから、そんなもんだろう」といった感じで、大人はあまり気にしません。これは、個々の人間性というよりも、国の制度によって醸成された街の雰囲気によるものだと思います。子どもは親が育てるものというよりは、国のサポートを受けながら、社会全体で育てるものという意識が根付いているのです。

一方で日本はと言うと、ベビーカーを押したお母さんが電車に乗るだけで、「邪魔じゃないか？」という謎の議論が始まります。公園で子どもが遊んでいると「うるさい」という苦情が発生し、ボール遊びが禁止されているエリアもあるほどです。日本で子育て中のお母さん、あるいはお父さんは、なかなかに肩身が狭い状況で、常に神経を尖らせながら育児をしているイメージがあります。国が少子化に力を入れてこなかった最も大きな弊害は、こうしたところにも顕著に表れている気がします。

さらに国の子育て支援の内容は中途半端で、所得制限という、稼げば稼ぐほど損をする理不尽なシステムも存在します。共働き、あるいはワンオペで必死に育児をする世の中のお父さん、お母さんは、無理ゲー社会を果敢に生きていると言わざるをえません。

少子化を「多様化」で片づけるべきではない

図4　OECD加盟国の平均賃金（2021年）

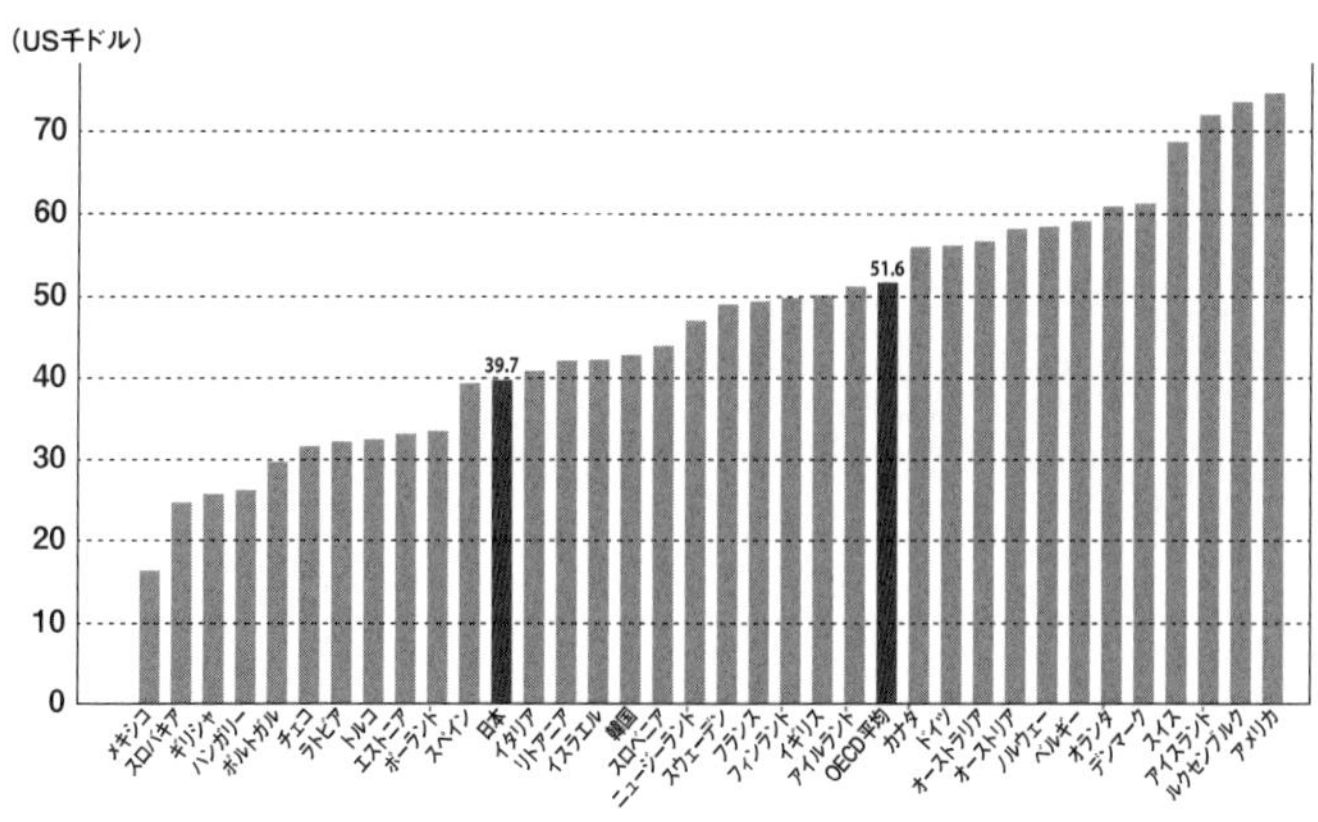

参考：「Average wages」（OECD）

子育て層の「経済的不安」に、もう少しスポットを当ててみます。暗い話が続きますが、頑張って読み進めてください。先に言っておきますが、ネガティブな話はしばらく続きます（笑）。

先ほども述べたように、経済停滞が30年もの長きにわたって続いている日本は、先進国の中でも極めて珍しい国です。その不景気っぷりは、労働者の賃金にも確実に表れています。

ＯＥＣＤ（経済協力開発機構）による２０２１年の平均賃金ランキングを見てみると、加盟国35カ国中、日本は24番目。平均と比べて、年収が約１３０万円も低いことになります（図４）。順位が低いのは今に始まったことではなく、90年代初頭から徐々に低下が始まり、今では新たにOECDに加盟した中東欧諸国にも抜かれつつあります。ちなみに、1997年から2020年の日本の給料上昇率は0・3％。日本は先進国にもかかわらず、20年以上、給料が上がっていない状態なのです。

こうした安月給化の背景としては、少子化も決して無関係ではありません。人口減による人材不足に対応するため、企業は非正規雇用やパート従業員を増やし、2021年、その数は2064万人にも達しています。当然、そうした人たちの給料は低めに設定されているので、平均賃金もおのずと下がっていくわけです。

こう考えると、もはや日本に住むメリットって、「治安がいい」「飯が美味い」くらいしかないんですよね。独身でバリバリの働く世代なら、とっとと海外に拠点を移した方が効率よくお金を稼げます。

子育てに関しても同じことです。子どもが産まれて大学を卒業するまでにかかる費用の総額は平均2900万円と言われていますが、働けども働けども給料が上がらず、子育て政策もほぼスルー状態な日本において、能天気に「子沢山な家庭を築きます！」とはならないわけです。ビッグダディさんくらい器の大きい人なら別かもしれませんが。

少子化については、「経済的不安」の他にも、よく話題に挙げられるのが未婚率の増加です。結婚、出産が当たり前だった時代から価値観やライフスタイルが多様化し、生涯独身で自由に生きる選択をする人が増えています。

総務省の国勢調査によると、２０１５年の時点で、30～34歳の男性２人に１人、女性では３人に１人が未婚。35～39歳だと、男性は３人に１人、女性では４人に１人が未婚です（図５）。

さらに、生涯未婚率は、２０２０年の総務省統計局のデータによると、男性が25・7％、女性が16・４％となっています。１９７０年は男性が1・7％、女性が3・3％だったので、生涯未婚の人がかなり増えていることがわかります。

言うまでもなく、結婚や出産をするか否かは、その人の自由です。ただ、本当に「生涯独身でいい」と考えている人は、実はそれほど多くないのでは、という気もしています。

内閣府の調査によると、未婚者の「結婚しない理由」堂々第1位は、「適当な相手に巡り合わないから」。次いで、「結婚後の生活資金が足りないから」「自由や気楽さを失いたくないから」といった理由が続きます。結婚しない理由がすべて「自由や気楽さを失いたくないから」であれば、好きにすればいいよね、で話が終わります。でも、「相手がいない」「お金がない」といったネガティブな理由であれば、何らかの方法で解決して、少子化にブレーキをかける努力をしてもいいのではないかと思います。言い換えれば、少子化を安易に「多様化」で片づけず、「結婚したいけどできない」「子どもを産みたいけど産めない」というリアルな声に耳を傾け、その問題の本質について、もっと議論されるべきではないでしょうか。

「相手がいない」問題は、今や定番となったマッチングアプリが助けとなっています。2022年に国立社会保障・人口問題研究所が発表した出生動向基本調査では、夫婦が知り合ったきっかけに、SNSやマッチングアプリと答えた割合が13・6%と、2015年(6・0%)の倍以上の結果になりました。昭和の時代はお見合い結婚する人も多く、強制的に出会いの場がつくられていましたが、その習慣が廃れる

図5　年齢別・未婚率の推移

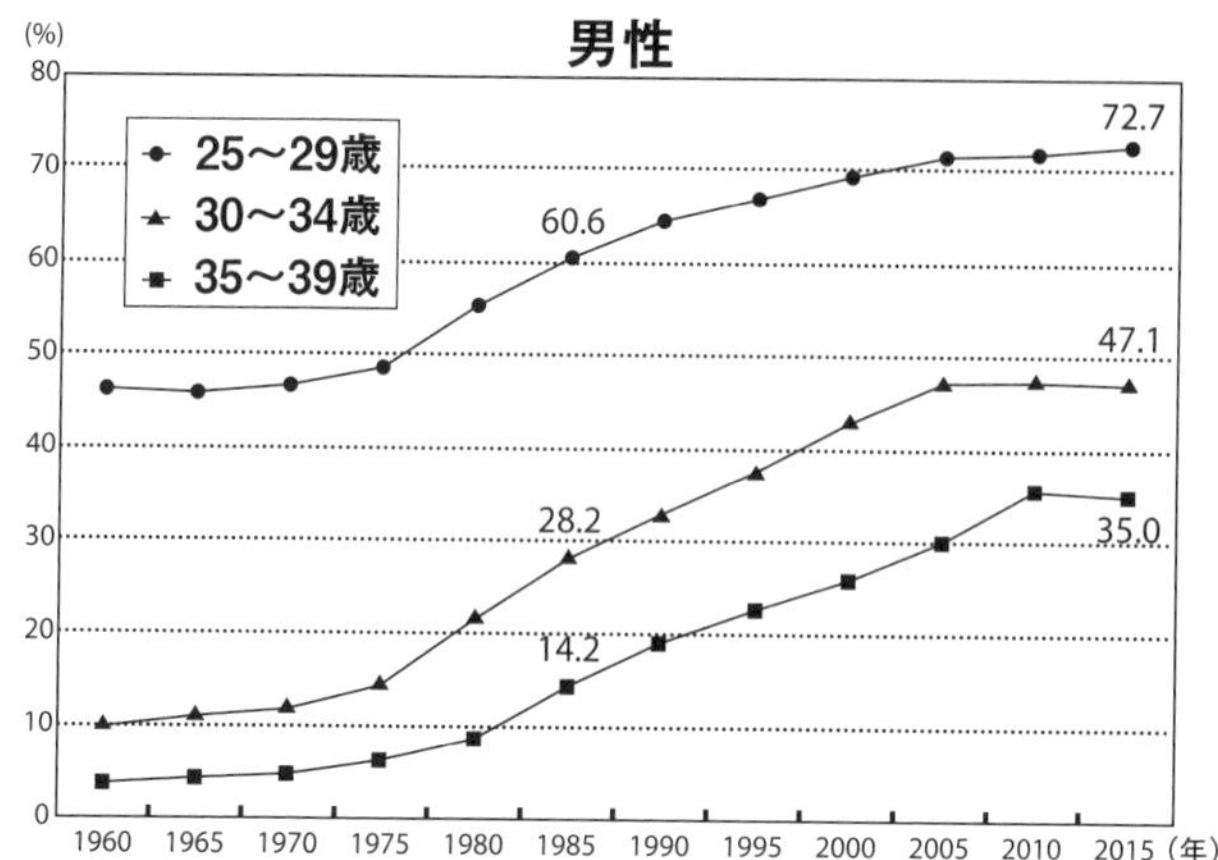

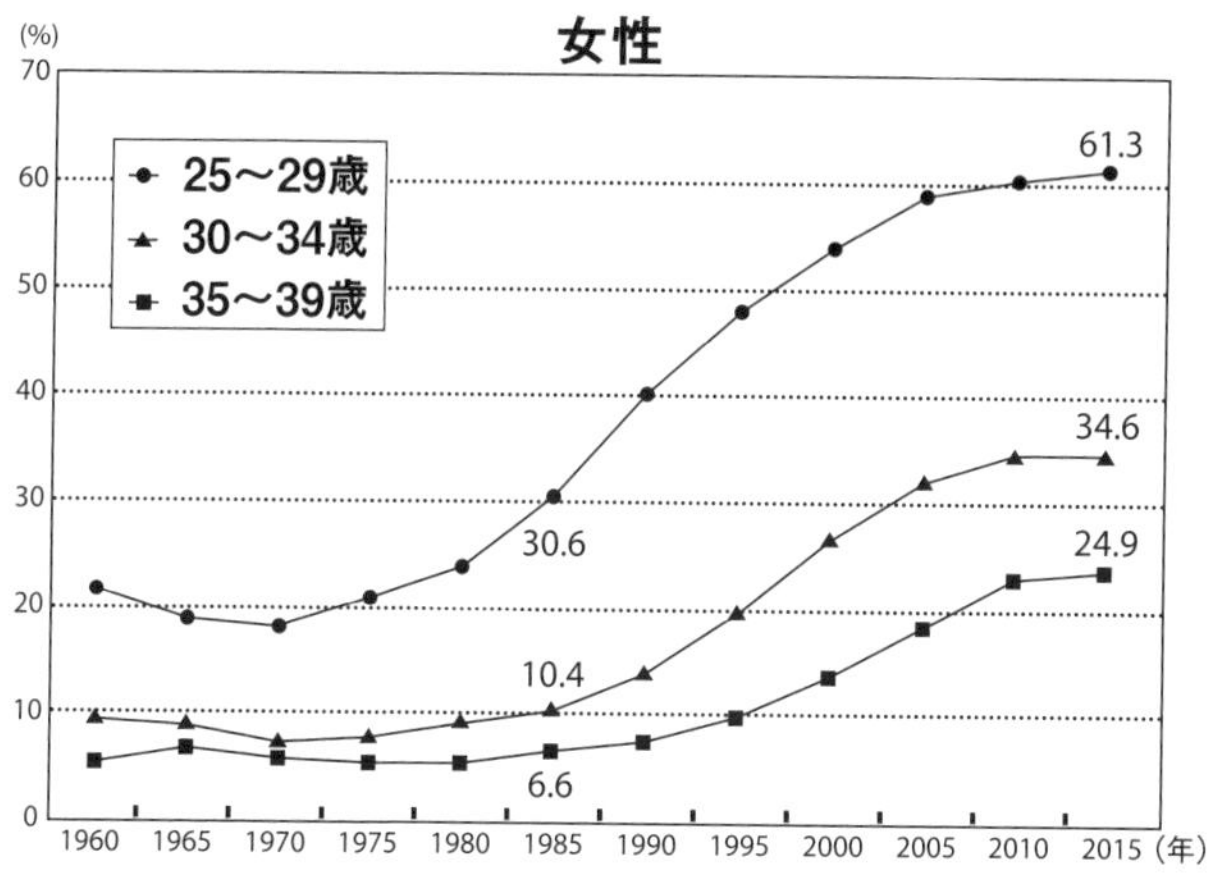

出典:「国勢調査」(総務省)

と出会いそのものがなくなります。ネットワーク社会においては、SNSやマッチングアプリが、そうした場を提供するのに一役買っています。

で、「お金がない」問題は、すでに述べた通りです。先行き不透明な日本において、今のところ、明確な解決策はありません。残念ながら。

少ない若者が高齢者を支える構造が問題だ

日本においては残念ながら、今後も少子化が続くことが予想されます。

でも、そもそも、子どもが減ると何が問題なのでしょうか。

「子どもが減ったって、普通に暮らせるなら別によくない？」という声が聞こえてきそうなので、少子化の具体的なリスクについて考えてみます。

まず挙げられるのが、生産力の圧倒的低下です。

当たり前の話ですが、子どもの数が減れば、それだけ人口も減っていきます。日本国内で商品を売る企業は、消費者が減れば毎年の売上も下がります。売上が下がれば、研究開発などへの投資もできず、労働者に対する給料も下がり、すべてが悪循環のまま貧乏な国へ一直線です。

すると次に、国外の企業に働き口を求め、優秀な人材が海外へ流れていきます。その結果、日本に残るのは平凡な労働者のみで、そんな日本企業に投資する海外の投資家もいなくなり、経済悪化の悪循環が始まります。やがて多くの企業が倒産し、失業者が増え、道端には路上生活者の人たちが溢（あふ）れかえるかもしれません。当然、治安も悪化します。地方の過疎化がさらに進み、住民に対する基礎的なサービスの提供が困難になることもありえます。

国内の消費者が減るなら、海外市場に注力すればいいのでは？という考えもあります。現に、少子化が進むシンガポールや韓国では海外輸出を意識した経済政策がとられているので、人口が減っていても経済成長を続けています。ところが、日本においては、あまり実現性がありません。そもそもの話、日本はすでに国際競争に取り残されている状況だからです。

国際経営開発研究所（ＩＭＤ）が作成している「世界競争力ランキング」というもの

があります。このランキングは、「企業にとってビジネスをしやすい環境がどれだけ整っているか」を基準に順位付けしたもので、2022年は、世界の主要63カ国・地域の経済力を、「経済状況」「政府の効率性」「ビジネスの効率性」「インフラ」の4つの指標から測定しています。

1990年前後に栄えある1位を獲得した日本でしたが、2022年の順位は過去最低の34位。特に「政府の効率性」（とりわけ「財政」の項目では62位）と「ビジネスの効率性」で評価が低く、今や「ぶっちゃけ、日本とビジネスするのは厳しいよね」というのが世界の見解です。ちなみに、経済成長を続ける超少子化国家のシンガポールは、ランキング3位。人口減少による経済縮小においては、高い国際競争力で海外市場に価値を置くことが不可欠になりますが、残念ながら、日本は失速が止まらない状況なのです（図6）。

もう1つ、日本の人口ピラミッドからも少子化の問題点が見えてきます。39ページの図は1950年、2015年、2050年（予想）の人口を年齢別に見たものです（図7）。

図6　「世界競争力ランキング」における日本の順位の推移

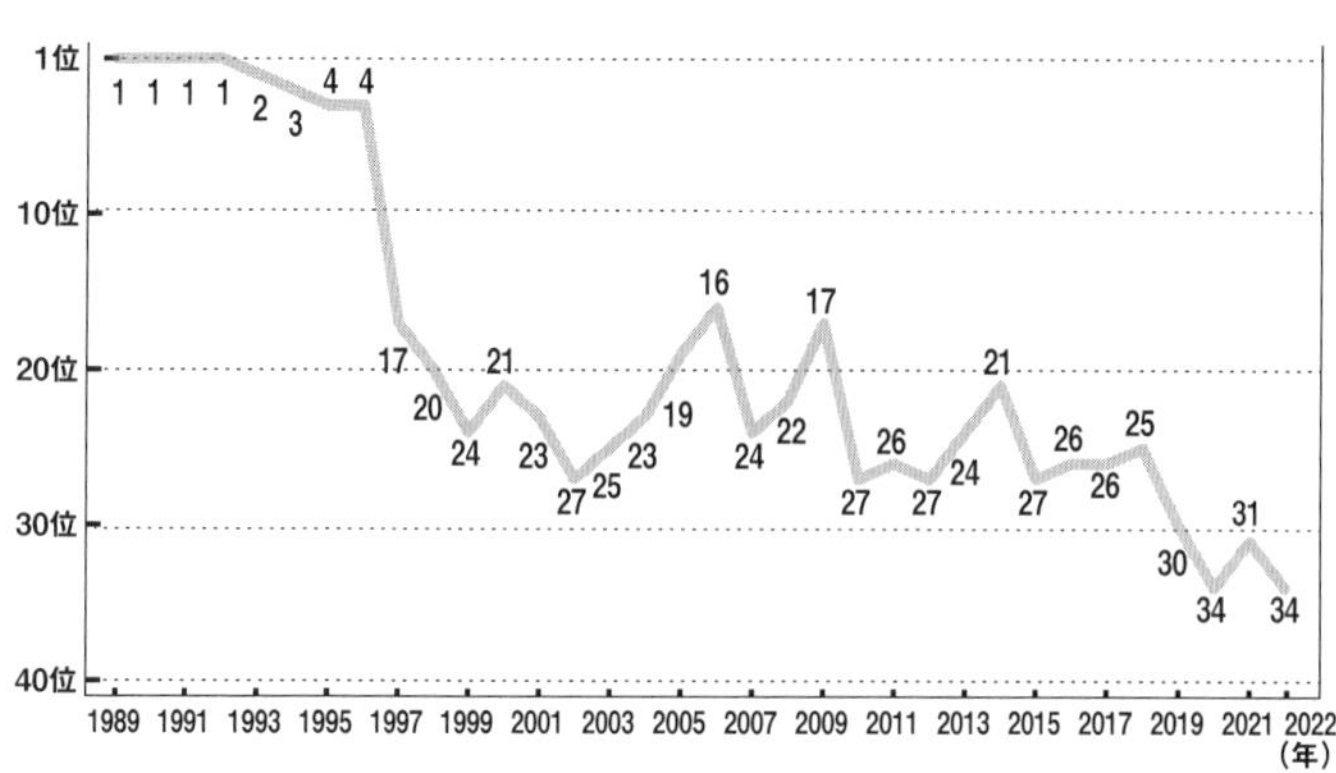

参考：「世界競争力年鑑」各年版（IMD）

第1次ベビーブームの直後である1950年は、子どもの割合がかなり多くなっています。それから65年も経つと、当時産まれた人は定年を迎えて高齢化が加速し、その一方で少子化が日本を襲い、高齢者と若者の比率が逆転に向かいます。実はここが大きなポイント。日本の少子化は単なる人口減少にとどまらず、高齢化という問題を孕(はら)んでいるから厄介なんです。

高度経済成長期の60年代は、高齢者1人の年金や税金を現役世代が9・1人で負担するという社会構図でした。ところが、少子高齢化が進んだ今となっては、

1人の高齢者を2・06人の現役世代が支える、いわゆる「騎馬戦型」の構図になっています。さらに2060年には、ほぼマンツーマンで高齢者を支える「肩車型」になると予想され、現役世代の負担はえげつないものになります。そもそも、年金や社会保険などの公的制度は、人口増加と経済成長真っただ中につくられたものなので、どちらも見込めない今の時代に機能するはずがないんですよね。

さらに、高齢化社会だと、政策もそれに寄り添ったものにならざるをえなくなります。高齢者を優遇した政策を打ち出した方が、選挙で当選しやすくなるからです。日本では不思議なことに、声が大きいのはいつでも高齢者です。政治家からしてみれば、子育て政策を打ち出したところで、少数からしか支持を得られないのであまり積極的になれません。加えて、子育て政策は結果が出るまでに時間がかかるので、その点でも賛同を得づらいというデメリットもあります。

自分がこの世にいない未来よりも今を何とかしてほしいと考える高齢者、そして、マジョリティである彼らに寄り添う政治家は、合理的と言えば合理的です。そんなわけで、日本で少子化を解決するのは、ますます困難になっていくわけです。

図7　日本の人口ピラミッド（1950年、2015年、2050年）

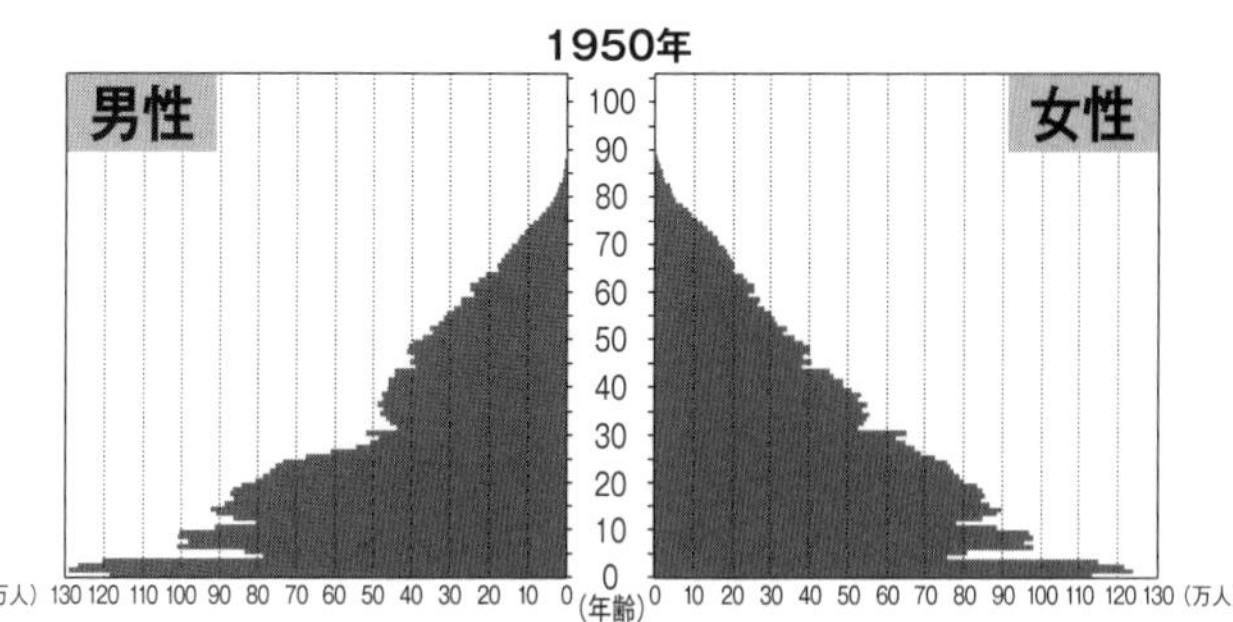

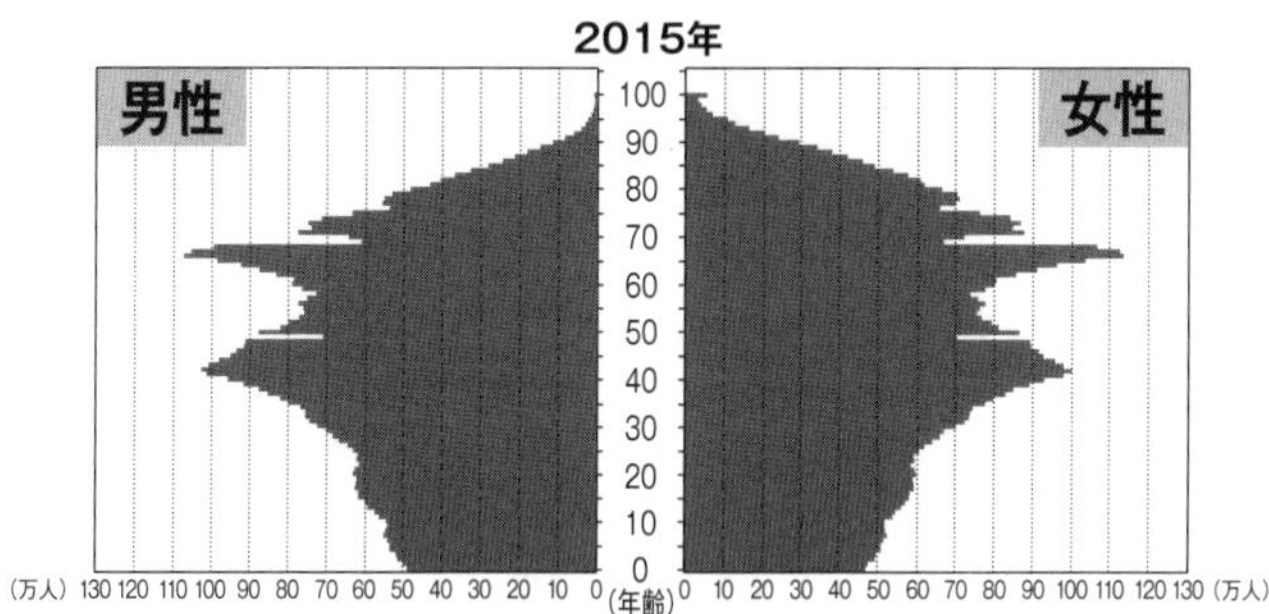

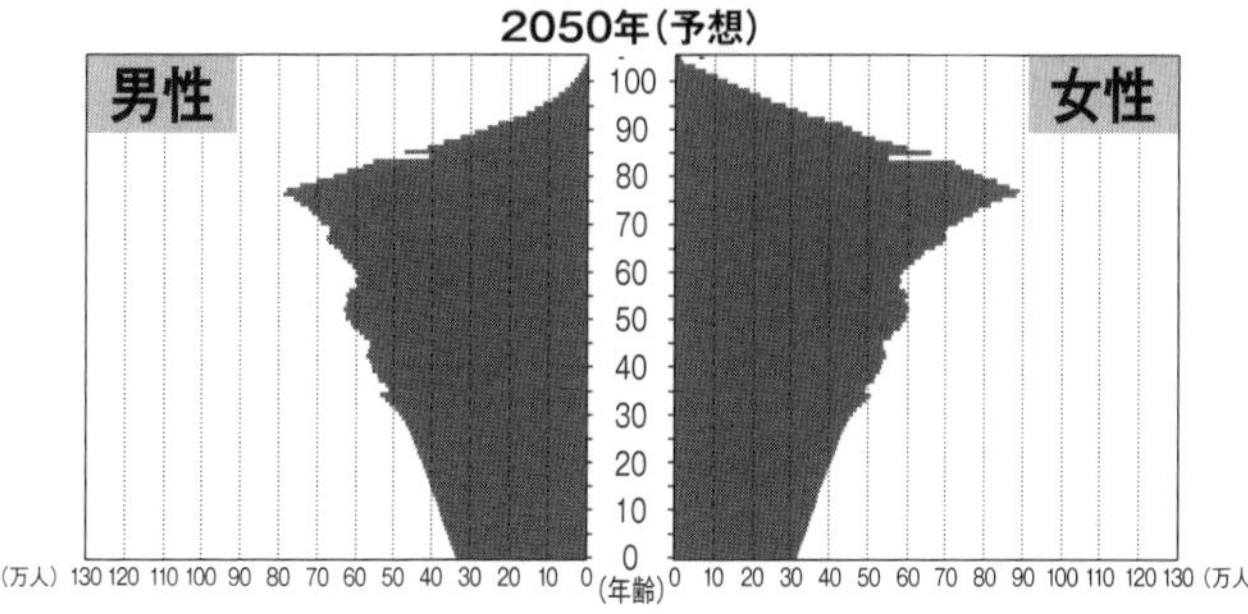

出典：国立社会保障・人口問題研究所ホームページ

子ども1人につき1000万円配ればいい

さて、ここまでひたすら日本のネガティブキャンペーンをしてきたわけですが、悪口ばかりになるのも忍びないので、いいことも少し書いておきます。

２０２２年10月、いわゆる団塊の世代と言われる75歳以上の高齢者を対象に、医療費窓口負担を２割から３割に引き上げました。高齢化による若者の負担を減らすために頑張った、菅義偉前首相の功績です。この決定にあたっては自民党内でも賛否あり、公明党からは「高齢者負担増では選挙に勝てない」といった懸念もあったようですが、菅さんは現役世代の負担軽減にこだわり、実現にこぎつけました。ちなみに、不妊治療の保険適用を実現させたのも、菅さんです。「暗い」「何を言っているのかわからない」など、首相時代は結構な批判を浴びていた菅さんですが、その短い任期の間に、現役世代を慮った政策実現に必死で取り組んだ稀有な政治家でもありました。

僕がもし、政治家なら。

これまでにもいろいろな場所で言っていることではあるのですが、例えば少子化対策として、「子どもを産んだら1人につき1000万円支給します」と言ったら、結構解決になるのではないかと思っています。

これを言うと、「そんな予算がどこにあるんだ」という批判が必ず飛んできます。でも、すでに社会保障の予算はなくて、年金をどうやって払うかの見通しも立っていないような状況なので、それこそ国債をバンバン発行すれば、十分に実現可能なんじゃないでしょうか。

1人の生涯賃金は大卒で2・7億円、生涯に払う税金は4000万円が相場だと言われています。よって、国が1000万円を支給しても、元は取れるどころかプラスでしかありません。2021年に生まれた子どもの数は81万1604人なので、8億1160万円ほどを支給することになります。投資志向のない人ならこれを損失と考えるかもしれませんが、未来の利益を増やしてくれると思えば、むしろ安い金額だと思いませんか？

支給額が数十万円だと、すでに自治体が支給している出産祝い金や社会保障と大差ありません。既存の社会システムを変えるときには、何かを劇的に変える必要があります。1000万円もらえるなら「毎年子どもを産めば、すごいことになるかも」と生き方を変える人が出てくるかもしれませんし、そうなると、社会システムに徐々に変化が訪れます。子どもが増えると公共交通機関や商業施設などで親子連れのサービスが充実し、結果的に企業も潤います。住宅や不動産業界、教育機関をはじめ、さまざまな場所で雇用が生まれるでしょう。そうやって、大きな社会変革につながっていくわけです。

長きにわたって続く日本の少子化・高齢化社会に一石を投じるなら、そのくらいのインパクトが必要なんじゃないでしょうか。

なぜ明石市は子育て政策に成功したのか

日本の少子化のざっくりとした現状と、僕の個人的な見解を述べてきました。暗い気持ちになりましたか？　あるいは、この状況が当たり前すぎて「だから何？」

と思う人もいるかもしれません。昔と比べると悲惨な状況に見えるかもしれませんが、過去を基準に考えるのは昭和世代のおっさんたちです。今の人から見ると、いたって「普通」の状況かもしれません。

そんな中で、大胆な少子化対策を実施し、数年前から大きな話題となっているのが、兵庫県の明石市です。そして明石市と言えば、名物市長の泉房穂さんでしょう。

２０１１年に明石市長に初就任。以来、「５つの無料化」をはじめとする画期的な子ども政策で、全国から注目を浴び続けています。元弁護士、元衆議院議員、マスコミ勤務経験ありという多彩なキャリアをお持ちで、その独特なキャラクターも、見る人に「他の市長さんとは何かが違うな」という印象を与える個性的な方です。

ご存じのように、２０２３年４月の任期満了をもって、泉さんは市長を退任されます。ここからは、泉さんがこれまで取り組んできた子ども政策の内容と成果を教えてもらいながら、

・なぜ明石市で子ども政策が成功したのか？

・日本全国で適用することは可能なのか？
・日本は少子化を脱却することができるのか？

などについて、考察します。

個人的には「なぜ暴言を吐いてしまうのか？」にも興味があるので、そのあたりもお話を伺えたらなぁと思っています(笑)。

第 2 章

なんで
子育て政策を
始めたのか、
実際に聞いてみた

「ぶっちゃけ人口を増やすことに興味はない」

ひろゆきさんとお会いするのは、アベマプライムで共演して以来でしょうか。その節はお世話になりました。

こちらこそ、お世話になりました。

私、ネット社会には疎いんですが、ひろゆきさんのことはもちろん存じ上げております。なんかすごい人で、全部論破していくと。だからアベマでお会いしたときは、何言うても論破されるんちゃうかと思って緊張しました(笑)。

しがない一般市民です(笑)。アベマもそうだったんですが、今回も「少子化」がテーマです。明石市は全国でも稀に見る少子化対策の成功モデルを築き上げているので、具体的な施策と成功の秘訣(ひけつ)などをお伺いしたいと思っています。

……いきなり話の腰を折るようなんやけど、そもそも私は、人口増主義者ではないんですよ。人口を増やしたいわけちゃうし、出生率を上げたいわけでもない。でも、「産みたい」っていう人がいるのに、それを邪魔する政治はやめるべきだと思ってるんです。子どもが好きなら産めばええし、そうじゃないなら産まなくてもいい。最近になってやたら少子化が問題視されているけど、どうあがいても、人口は絶対に減る。ただ、あまり極端に、坂道を転げ落ちるような減り方はよろしくないし、産みたい人が産めないような環境は不健全ですよね。だから、望む人がなるべく不安のないような環境で出産できるよう、仕組みを整えているっていう感じです。

仮に、出産を望まない人ばかりだったら少子化一直線なわけですが、泉さん的には「それもしょうがない」っていう感じですか？

そりゃそうですよ。みんなが産みたくなかったら人口がどんどん減るけど、それは各自の選択だから。ただ、現状はそうじゃない。出産や子育てにお金がかかりすぎるとか、自分1人で育てられる自信がないとか、そういう不安で子どもを諦めている人が多いんです。

よく、20代女性なんかに「子どもが欲しいですか？」っていうアンケートをとって、「そう思わない」っていう回答が多いと、今と昔の価値観の変化っていう部分がフォーカスされがちですよね。つまり、今の若者は、結婚とか恋愛にあまり価値を感じなくなったっていう。それもあると思いますが、実際は、子育てするなら仕事を辞めなきゃいけないし、大学入ったときの借金があって経済的にも余裕がないから、「今は欲しいと思わない」って感じている人が多いってことだと思うんですよ。本来なら、子育て環境が整っていることを前提に、「子どもが欲しいですか？」という質問をしなきゃ公平じゃないと思うんですけど。

それは本当にそうですね。口悪いけど、奨学金なんて、金貸しが大学生をカモにしているようなもんですから。大学入学とともに借金を背負った時点で、スター

トがマイナスなんです。で、頑張って就職しても給料は上がらない、結婚して子どもを産んだらちゃんと育てろ、育てるために稼いだら所得制限で十分な手当を受けられない。「そんな困難な状況ですけど、産みますか？」っていう態度なんです、日本という国は。

でも実際問題として、人口が減っていくと、経済は衰退していきますよね。世界的に見ても、経済成長を続ける国は、人口が増えていて、かつ教育にお金を突っ込んでいるのが共通項だと思います。明石市の場合は、少子化対策というよりも子育て支援に力を入れた結果、経済の循環や人口増につながったということですか？

そうですね。将来的な経済成長はもちろん頭にありましたけど、最初からそこをピンポイントに狙っていたわけじゃないということです。メディアには、わかりやすいから「人口増」とか「税収増」って言ってますけど、出産や子育てを望んでいる家族が住みやすい環境づくりに取り組んでいたら、自然と人が集まってきたというだけの話。だって、子育てするなら、明石市に住んだ方が絶対に得やもん。手当なんかで１００万円くらい浮くから。

そんなに？　それってどういう内訳なんですか。

明石市では、18歳までの医療費と、第2子以降の保育料が無料なんです。やっぱり中間層以上の子育てだと、保育料に月5万、6万は当たり前ですから。そうすると、例えば子どもが3人いれば、大体１００万円ほど得する計算になります。明石に引っ越してくるだけで、可処分所得が１００万円増えるとなれば、そりゃあ人も増えますよ。

「5つの無料化」の予算は全体のたった1・7％

１００万円も浮いたら市民は美味しいでしょうけど、逆に、市の方の財源がどうなっているのか気になります。具体的に、子育て支援にどのくらいのお金がかかっているんですか？

まず明石市の場合、全体の予算が年間で大体2000億円くらいなんです。1年でそのくらいの金額のお金が動いているということですね。で、明石市の目玉政策である「5つの無料化」にかかるのが、ざっと34億円ほど。

そんなものなんですね！

全体の1・7％程度なんですよ。例えば、年収600万円の世帯で、ちょっと多めに2％見積もっても、12万円ですよね。1カ月に1万円。簡単に言ったら、子どもの習い事に月謝で1万円出しているのと同じ感覚ですわ。これと同じことを市でやれば、「5つの無料化」は十分可能なんです。

これね、最初にやり始めた頃は独りぼっちだったんです。でも、2021年頃から、周辺の都市も続々と真似し始めて、今や兵庫県で13の市町が医療費無料化などを実施している。私もびっくりです。「なんや、やればできるやん」って（笑）。最近では、東京23区でも同様に、18歳までの医療費無料化を打ち出しましたよね。そういう意味では、やろうと思えばどこでもできる取り組みだと思います。

へぇー、そのくらいのお金でできちゃうのは意外でした。それって、最初からそんなにコストが安かったんですか？ それとも、明石市がやり始めたからどんどん下がっていったとか？

明石市では医療費が大体15～16億円くらいですから、最初から予算感は変わってないです。所詮、子育て政策にかかるお金って、その程度なんですよ。ただ難しいのが、予算って、張りついちゃっているでしょ。つまり、すでに決まっている予算を、新たな政策のためにシフトすることが大変で。しかも、一度やり出したら簡単にやめられへん。毎年かかる予算になるから、毎年かかっているどこかの予算から引っ張ってこないといけないので、そのあたりのやりくりは結構しんどかったですね。

まあでも、他の都市からしたら、明石市が成功例をつくってくれたので、予算組みがやりやすい部分もあるでしょうね。

そうだと思います。わかりやすく言えば選挙ですよね。今となっては、「選挙に勝つためには子育て支援」がテンプレートになりつつあるから、公約にも子育て政策を掲げる政治家が増えました。現金なもんですわ（笑）。

でも実際に、そのくらいのお金でできるんなら絶対にやった方がいいと思うんですよ。明石市で言うと、無償化の対象となる子どもの人数は何人くらいなんですか？

全体の人口が約30万人で、ざっくりとしたパーセンテージをもとに計算すると、18歳以下の子どもは大体5万4000人くらいですかね。

34億円を5万4000人で割ると、大体6万円なんですよね。年間に1人の子どもに6万円かけたくらいで「5つの無料化」ができて、子育て対策が成功して「明石市スゴイ！」って日本中から言われるのは、めちゃくちゃコスパいいと思います。

実際にやっていること以上に評価していただいていると思いますけどね。ただ予算に関しては、先ほど言った通り、抵抗は強かったですよ。

いろいろな反発があったことはお察しします（笑）。

所得制限を設けたら継続的な支援はできない

ちょっと具体的に明石市の子育て政策について伺いたいんですが。さっきも名前が出ましたけど、最も有名なのが「5つの無料化」。あらためて、どんな対策なのか教えてもらっていいですか？

18歳までの医療費無料、第2子以降の保育料無料、0歳児のオムツ定期便（オムツの無料）、中学校の給食費無料、プールや博物館など公共の子ども施設の入場料無料。この5つの無料化を所得制限なしで行っています。

この所得制限なしっていうのがうまいなぁと。所得制限をしないことで、お金持ち、つまり税金をきちんと払う人たちが集まってきて、結果として税収が上がるっていう好循環が生まれるのかなと思います。このあたりって、実現するのは難しくなかったですか？　だって、「金持ちにお金渡す必要ないじゃん」っていう考えの人もいるじゃないですか。

そこは難しいかどうかっていうより、仮に所得制限をかけた場合、安いお金で済むけど、効果がほとんど出ないんですよ。所得制限なしにすれば、お金はかかるけど、かえって税収が増える。明石は「5つの無料化」を実施することで、どん

どん人が増えていって、10年連続人口増なんです。で、所得制限かけてないから、入ってくる人はほとんどダブルインカムの納税者でしょ。お金を落とすから地域の経済が回り始めて、２０２１年には、明石駅前の商店街が過去最高益を叩き出しましたからね。経済が回り出して、税収もどんどん増えているので、やればやるほど財源が貯まってく。まさに好循環です。所得制限かけちゃったら、納税者が入ってこないし、地域でお金落としてくれるわけでもない。そういう効果を考えても、所得制限はかけない方がいいんですよ。

「オムツ定期便」の裏に隠された本当の目的

肉を切らせて骨を断つ、みたいな。あと僕、0歳児のオムツ定期便っていうのがすごく面白いなと思いました。保育料とか給食費の無料化はよくありますけど、オムツ定期便っていうのは、他の国でもあんまり聞かないなと。

生後3カ月から満1歳になるまで、毎月オムツやミルクなどを配達するサービスですね。これ、ポイントは、配達員がみんな子育て経験がある女性っていうところなんですよ。つまり、見守りが本当の目的なんです。オムツを届けて帰るんじゃなくて、お母さんの話を聞いて、月齢期に合わせたアドバイスをしながら不安を解消してあげる。孤立防止というか、先輩ママと話す時間を提供している感じです。

単に「オムツを毎月届けます」って言っても、「それってアマゾンでポチッとするのと同じじゃん」って感じる人も多いと思うんです。でも、オムツを届けるのは表向きの役割で、相談相手と毎月会えるっていうところに本当の価値がある。核家族化していることもあって、子どもの発育状態に不安を覚える人も多い中、相談できる相手がシステムとしてきちんと用意されてるっていうのが、意外と大事な気がしています。

私が以前弁護士だった頃、子どもの虐待案件をよく担当していて、その頃の経験がベースになっています。厚生労働省の統計では、子どもが最も命を落とすリスクが高いのが、0歳から1歳の突然死なんですよ。

寝返りできなくて亡くなってしまうとか、ぬいぐるみで窒息しちゃうとか。ベッドが平面になっているかどうかも重要だったりしますよね。

それに加えて、何らかの事故や虐待の可能性もある。死亡するシチュエーションって、大体、お母さんと子どもの2人きりの状態ですし、虐待の可能性がある人ほど外とのつながりを断ちやすいんです。そことどうやってつながって、子どもの状態を確認するか。どうやって家のドアを開けてもらうか。そういう意味では、オムツ定期便は極めて有効なんです。ほら、オムツって大きいから、受け取るときにドアのチェーンロックを外さなきゃいけないでしょ。

あ、オムツってそういう狙いもあったんですね！

閉ざされた家庭のチェーンロックをどうやって開けてもらうかっていうのが、ホンマにネックだったんです。で、オムツ定期便では、ちゃんとドアを開けてもらって、オムツを玄関に置いてくるっていうのをルールとして定めました。そうすれば必然的にお母さんとのコミュニケーションが生まれますし、赤ちゃんの様子も伺えますから。

確かに、「お子さんの様子見に来ました」じゃドアを開けない人も多そうですもんね。オムツのサイズ感が、ドアを開けることに一役買ってる、と。

似た話で言うと、明石市では、母子健康手帳を発行する際に、必ず1時間程度のヒアリングをしているんですよ。お母さんと職員が子育てについて話したり、あればお悩みとかを相談してもらう感じです。でも、1時間って長いですし、お母さんにとっては正直面倒ですやん。だから、それに付き合ってもらった人には、5000円分のタクシー券を支給しているんです。それでも職員としゃべりたくなくて帰る人は、大体ワケありです。

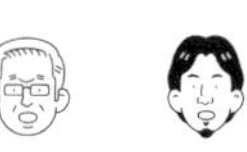

なるほど、そこでちょっと怪しいなっていうのがわかる。

何か深刻な事情がある可能性があるから、後で職員が家庭訪問に行くようにしています。あと、子どもの定期検診あるでしょ。1歳6カ月児検診とか3歳児検診とか。それに来ないご家庭には、翌月から児童手当の支給を止めさせてもらっています。お子さんと一緒に役所まで来てもらって、母子の健康を確認できたら、お金を渡すことにしているんです。

児童手当って、市の権限で勝手に止められるものなんですか？

厚生労働省に掛け合いました。最初は「児童手当を止めるのはやりすぎです」って反対されて。それでも粘ったら、「銀行振り込みを現金手渡しにすることは可能です」と。だから、子どもと一緒に来てくれたら渡しますっていうルールにしたんです。

オムツ定期便もそうですけど、表向きの政策の見えないところに「子どもを守る」っていう本当の目的があって、そのつくり方が非常にうまいですよね。

子育て政策でフォローすべきは高齢者と商売人

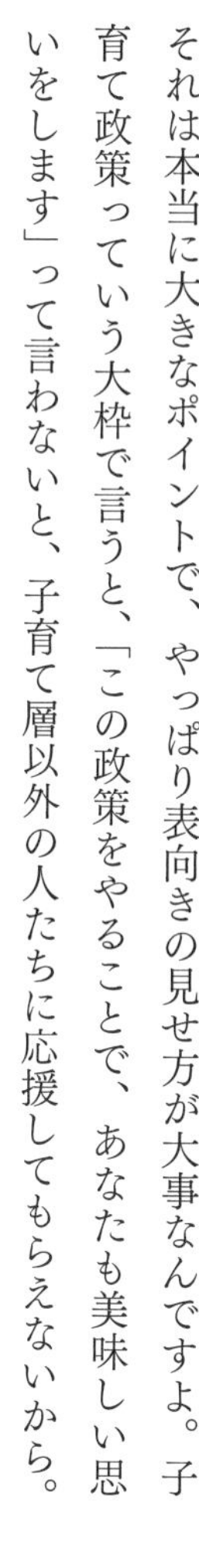

それは本当に大きなポイントで、やっぱり表向きの見せ方が大事なんですよ。子育て政策っていう大枠で言うと、「この政策をやることで、あなたも美味しい思いをします」って言わないと、子育て層以外の人たちに応援してもらえないから。

そのあたりは少し気になっていました。子育て政策をするにあたっては、やっぱり高齢者とか、子どもを持たない家庭の人とかで、「子どもばっかり優遇して」って怒る人もいるじゃないですか。そういうのはどうクリアしていったんですか？

やっぱり最初は、高齢者と商売系の方の反発が激しかったですね。高齢者からは「わしらの金を減らして子どもを優遇するんか」、商売されている方からは「この不景気で子どもを応援する余裕はない」って言われて。特に高齢者は声も大きいし、街の雰囲気をつくる存在なので、気を遣いました。

今の時代、高齢者を敵に回すと普通なら勝てないと思うんですが、よくこれだけの子育て政策が実現できましたよね。

最初は失敗もありましたよ。市長に就任したばかりの頃は財源もなかったんで、子育て政策をやるには高齢者のお金を削らないと無理だと思っていたんです。で、何をしたかって言うと、すべての地区を回り説得しました。年配の人を１００人くらい集めて、「皆さん、今までディナーのフルコース食べて、そのうえデザートまで食べてきませんでしたか。これからの時代は、あなたたちのお孫さんがお腹を空かせていますので、ディナーの後のデザートは、ちょっと我慢いただけないですか。その浮いた分で、お孫さんにおにぎりをあげたいと思っています」と。

言い得て妙な表現ですね（笑）。

でもこれが大失敗で。「イヤや！　デザートは別腹や！　わしらは両方食う！」の一点張り（笑）。地域を15カ所くらい回ったんだけど、ホンマに全部そんな感じなんですよ。まあ今思えば、私もバカなことをしたなと思いますけどね。そこで、高齢者のお金を削るのは無理だと諦めて、方向転換しました。「あなた方のお金は減らしません。ただ、ちょっと待ってください。子育て政策やってから、必ず力入れていきますので」と。だから明石市は、高齢者のお金は全然削ってなくて、子育て政策が軌道に乗った後は高齢者サービスを充実させているので、今ではむしろ感謝されているくらいです。コミュニティバスの無料化とかね。

高齢者のバス無料化は、福岡市なんかもやっていますよね。人口増えてうまくいっているところは、むしろ高齢者への待遇も手厚いのかも。

あと商売方面ですが、これも「絶対に儲かるから、ちょっと待っとってください」とお願いしました。子育て政策がうまく機能して家族連れが増えれば、おのずと経済が回ることはわかっていたので。結果、コロナで大阪や神戸に行かんと、地元民が地元でお金を落としまくったので、明石駅前では過去最高の好景気です。今では商売人からの反発もなくなりました。

一方で、いまだにネックな部分が２つあって。１つは、子どもも高齢者もいないご家庭。もう１つは、下水道業者とか道路関係とか、公共事業に依拠しているような企業層ですね。なぜかと言うと、ここから予算をかなり削ったから。

あ、子ども予算確保のために、公共事業のお金を削ったんですね。確かに、どこかを削らないと動かせませんから。

さんざん言われていることですけど、公共事業ってホンマに無駄が多いんですよ。例えば、以前、予算６００億円の下水道の整備計画があったんです。内容を聞いたら、１００年に一度あるかないかのゲリラ豪雨に備えて、市内全域の下水道管を入れ替えると。それをやらなかったらどうなるんって聞いたら、「大変なことになります。10軒くらいのお家が床上浸水の被害に遭います」と。

100年に一度あるかないかの災害で、被害が10軒の床上浸水。床上浸水してしまったお家に1000万円支給した方が早いですね(笑)。

そんなん、「私が10軒回って謝りに行く」と言いました。そのために600億円って、どんなバランス感覚やねん。結局、入れ替えじゃなくて重点化して、予算を150億円に抑えました。150億円で済むことに、過度に予算をかけすぎてるんですよ。災害対策もそうです。災害対策って言ったらみんな反論できないと思っているのか、何十億もかけてハードを整備したりするんですよ。それで実際に災害が起きて、結果、1軒の民家が助かりました、と。そんなの、災害のときにはお家の方はすでに逃げてはるし、数千万円で家を建て直すことだってできるのに、何十億も使ってどないすんねん。でもやった人たちは、「市民の財産を守った」と、いかにもそれが正しいみたいなスタンスなんです。明らかにコストバランスが合っていないじゃないですか。

まあぶっちゃけ、工事をやることが目的ですからね。

その通りです。山奥の道路整備や災害対策をやって、土建業者にお金を落とす。そんなこと続けていたらお金がいくらあっても足りないんで、そのあたりを適正化した感じですね。

子育て政策に関しては、子どもも高齢者もいないご家庭や独身者からの反発も、結構あるんですか？

反発というか、やっぱり納得いかない方はいらっしゃるでしょうね。でも、正直なところ、何かに特化した政策を成し遂げるには、どこかに我慢が生じるのは避けられないんです。やっぱり「みんなハッピー」的なパッケージの政策は、効果もなかなか出づらいので。ただ決して諦めているつもりはなくて、「順番だから、

少々お待ちを！」って言っている状態かな。どうしようかなぁと思いながらね（笑）。

最も大切なのは親御さんの精神面のケア

「5つの無料化」に話を戻すんですが、これがやっぱり、明石市の子育て政策のブレイクスルーのきっかけだったんでしょうか？

全国的に注目されたたっていう意味ではそうでしょうけど、厳密には違います。「5つの無料化」はキャッチーだから言い続けているけど、子育て支援はそれだけでは成り立たない。「5つの無料化」は、あったらお得だよね、という経済的な支援にすぎません。それだけじゃなくて、安心して子育てできるという精神面での支えがあって、初めて子育て支援だと思っています。例えば、学校に行きづらい子のためのフリースクールや子ども食堂も、うちでは市が責任を持ってやっています。

子ども食堂やフリースクールにも税金突っ込んでいるのは珍しいですね。でもそういう場所って、明確な定義がないのが懸念点というか。要は、得体の知れない人が「うち、フリースクールやってます」って言ったらそれで成立しちゃうじゃないですか。そのあたりの基準はどう設けて税金使っているんですか？

子ども食堂の例がわかりやすいと思うので説明すると、まず、やりたいという人がいたら市が5万円お渡しするんです。1回開催するごとに、2万円、3万円を支払っています。

そんなにもらえるんだ！　じゃあ、子ども食堂を運営してるってだけで結構な額になりませんか？

計算上ではそうだけど、実際にはそうはならんかなぁ。子ども食堂も1人できるわけじゃないし、狭い田舎だから、それで金儲けしようって思ったらご近所さんの目が黙ってないですよ（笑）。特にうちの場合、子ども食堂をやるなら、近くの小学校でチラシ撒くんですよ。だから、コソコソできない。実際に子ども食堂をやり始めたら、誰が来るかわからないけど、地域の子なら絶対に受け入れなければいけないルールだから。

なるほど。仮に食べ物が腐ってたりしたら大炎上するわけですね。

そういうことが起きたらみんな報告するし、市民の目がチェックになっているわけです。一方で、市は、お金は出すけど運営はお任せします、というスタンス。例えば、食材を買うのでも、領収書などの提出は一切不要にしているんですよ。全国でも珍しいと思うけど、市民を信頼しているから、細かい部分はあまり介入しない。その代わり、ご近所さんがみんな見ているから悪さはできませんよ、と。仮に何らかのトラブルが起きたとしても、責任は行政がとるし、失敗してもいいから頑張ってみてくださいっていうのが明石市の特徴です。

確かに、役所が自前で人件費使って運営するのに比べたら、断然コスパはいいですよね。

そうなんですよ。公務員の給料を考えたら、市民の皆さんにやってもらった方がよっぽどコストがかからない。明石市の人口は30万人ですが、市役所の職員が30万人いるイメージですね。明石市では他にも、子どものために養育費が支払われない場合、市が一定金額を立て替える養育費立て替え制度なども行っています。

養育費の立て替えはフランスをはじめ、実は世界では結構普通にある制度です。日本では、明石市が全国初ですか？

明石市が全国初です。養育費が支払われないことで一番被害を被るのは、やっぱり子どもなんですよ。そこは家庭内の問題ではなく、行政が強く介入する必要があると感じています。そのあたりの施策で言うと、ＤＶ（家庭内暴力）対策として「配偶者暴力相談支援センター」を市で設けているんですが、現場で働くＤＶ相談員の方は全国公募で集めて、より専門性の高い人に年収６００万円から７００万円で来てもらってます。

かなり高給ですね！　そういう現場で働く人たちって、全国の基準だと大体年収２００万円くらいじゃないですか。職員の質を上げるなら、７００万まで吊り上げなくても、ちゃんとした人が来てくれる気がしますけど(笑)。

専門性の高い人には、それなりの待遇でしっかり働いてもらうべきだと思っていますから。

いずれにせよ、明石市では「５つの無料化」のような経済的支援だけじゃなくて、親が孤独を感じることなく、安心して子どもを育てられるような精神的支援の仕組みが整っているわけですね。子どもの世話は家族だけじゃなくて社会が見るものっていう考えが泉さんの根底にあって、明石市の子育て政策の成功の本当の理由は、そこにあるのかもしれません。

正直なところ、「無料化」を実施するのは極めて簡単なんです。予算をつけるだけで、新たな制度も人材も必要ないですから。むしろ養育費の立て替えや児童相談所の制度設計などの方が、対応の丁寧さが求められたりリスクが伴うので、大変な作業です。ただやはり、そうした魂の込もったアプローチをしないことには、本当の子育て支援とは言えないと思っています。

市長としての原動力は「社会への復讐心」

子育て政策とは少し違いますが、明石市では、障害者支援にもかなり注力されていると聞きました。具体的にはどんなことをしているんですか？

まず、明石市が全国初の試みとして取り組んだことは、飲食店などへの筆談ボードや点字メニュー、簡易スロープの導入を、全額市が負担するというものです。日本では、ホテルには車椅子で入れるようなスロープが設置されていますが、飲食店にはまだまだ未設置のところが多いです。他の自治体では、この設置費を店側と折半することが多いんですけど、明石市では全額負担するのが特徴です。

障害者の人が暮らしやすいようにっていうのがベースにあるとして、お客さんが増えれば飲食店の利益が上がるから、結果的に税収に跳ね返ってくるっていうのも狙いだったりするんですか？

それもありますが、それ以上に、街がやさしくなるのはみんなのためという考えですね。スロープをつければ障害者の方も入りやすいし、お店の人も助かり、経済が回るから市も助かる。みんなのための政策だから、市が受け持つというスタンスです。

僕は今、パリに住んでいるんですが、車椅子の人をほとんど見かけないんですよ。

石畳が多くて移動しづらいと思いますし、エレベーターのない地下鉄の駅も結構あったりするんで、パリは障害者の人にとっては住みづらい街なのかもしれません。そういう意味で言うと、日本は設備面において、かなり合理的配慮が行き届いた国のように感じます。

ハード整備の面で言うとその通りで、駅などのバリアフリーに関しては、日本は世界トップレベルだと思います。ただ、例えば就労支援など、障害者の方が生きていくための制度設計においては、海外の方が進んでいますね。

フランスでは、日本に比べて雇用施策の対象となる障害者の範囲が広いそうです。つまり、軽度の症状でも障害労働者認定が下りるので、ある意味では働きやすい環境なんですよね。障害者に限らず、「働けない」って言うと、生活保護以外にいろんな支援が用意されているので、暮らしやすいという側面もあるかもしれません。

明石市ではその他にも、障害者に関する4つの条例を施行しています。1つは、手話言語を確立し、要約筆記・点字・音訳など、障害者のコミュニケーション手段の利用促進を支援する条例。2つ目は、今お話しした、スロープなどの費用を市が助成する制度を入れた障害者配慮条例。3つ目は、私にとっては大きな意味を持つ、優生保護法の被害者を支援する条例です。優生保護法（1948〜1996年）で障害者が強制的に不妊手術や中絶を受けさせられた問題で、国の制度では対象外だった配偶者と中絶被害者にも支援金を支給する条例を、自治体として全国で初めて制定しました。

そして4つ目は、2022年3月に制定したインクルーシブ条例です。これは、誰ひとり排除せず、すべての人が自分らしく生きられる街としての明石市の理念をまとめたもの。私の市長在任12年間の強い思いが詰まった条例で、4年かけてつくりました。これらはすべて全国初の条例で、先に話した2つの条例は、すでにさまざまなエリアに広まっています。

いずれも素晴らしい条例だなと思うんですが、すごく素朴な疑問として、泉さん

のその熱意はどこから来てるんですか？　例えば子育て政策なら、経済的、あるいは精神的に困っている子育て層を助けたいっていう信念がベースにあって、プラスアルファで経済効果や少子化対策も見込めるので、行政が積極的に予算と労力を割くのは理解できるんです。ただ、障害者支援に関しては、それで経済を回すっていうのは現状の日本では難しいと思うので、わりと後回しにしがちな政策だと思うんですよ。特に優生保護法に関する条例なんかは、実現にこぎつけるまでは容易な道のりじゃないだろうなっていうのは簡単に想像できるわけで。

それで言うと、私、障害者福祉が原点なんですよ。本当は明石市でも障害者福祉の政策をもっとやりたかったんだけど、ご指摘の通り、それで経済を回すのはなかなか難しい。だから最初にまず子育て政策をやって、一定程度の成功を収めてから、障害者福祉に力を入れた感じですね。

子どもよりも、障害者支援の方が本丸だったってことですか？

私には４つ下の弟がいるんですが、先天性の脳性麻痺（まひ）を持って産まれてきました。歩くことが不自由だったのに、近くの小学校ではなく、遠くの養護学校に通うように言われたんです。両親が交渉して私と同じ学校に通えることになりましたが、「送迎は家族が責任を持つ」「何があっても訴えない」と誓約書を書かされました。両親は漁で不在、私が毎日登下校をともにしました。残念ながら誰も手を貸してはくれず、ただ冷たい目だけがあった。子ども心に、こんな冷たい社会は嫌だ、自分が明石の街をやさしくしてみせるっていう誓いを立てたんです。

なるほど。市長になられたのも、子育て政策や障害者支援に力を入れているのも、背景にご自身の生い立ちがあるわけですね。

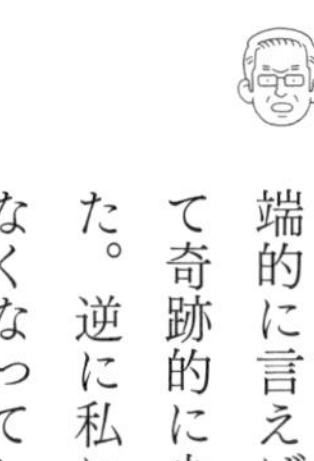

端的に言えば、障害者や貧乏人に冷たい社会への復讐心ですね。弟は5歳になって奇跡的に少しずつ歩けるようになって、幸いにも自立に向かうようになりました。逆に私にとっては、それまで弟のことで精一杯だったのに、その覚悟が必要なくなってしまった。なのでいっそう社会の方に目が向いて、貧しい人や障害を

持つ人のために人生を費やそうと思ったわけです。

泉さんのモチベーションが社会への復讐心だとすると、いろいろと腑に落ちる部分もあります（笑）。

ご存じの通り、私なんかはアンガーマネジメントが必要って言われるくらい激しい人間ですけど（笑）、それには理由があって。開き直るわけじゃないですけど、世の中を変えたいという強いエネルギーがあったんです。今もそうです。世の中と死ぬまで戦い続けるっていうイメージは、小さい頃からありました。だから例えば、寝るのが嫌いで（笑）。生きてる間は、寝る間も惜しんで一生懸命やろうって感じですね。

確かに、泉さんは常に動き回ってるイメージがあります。睡眠時間はどのくらいですか？

4〜5時間くらいかな。何と言うか、ずっと受験直前という感覚ですね。

じゃあ……、休みの日に家でゴロゴロとかしないんですか？

うち犬飼ってまして、トイプードルの散歩が唯一癒しの時間ですわ（笑）。

第 3 章

少子化対策って本当のところ「経済対策」なんですか？

「子ども増えたら儲かりますよ」が殺し文句

明石市が子育て政策に取り組むことで、街の経済がめちゃくちゃ回り出すようになったっていうところを、もう少し詳しくお伺いしたいです。先ほども少し述べましたが、経済成長を続けている豊かな国って、優先的に子どもと教育に予算を割いているのが特徴だと思うんです。

経済の回し方って2パターンあって、企業にお金を回すか、消費者の方にお金を回すかなんですよ。これまでの日本のやり方は完全に前者です。法人税減税とか、商店街にアーケードをつくるなどハード面のサポートをして、企業の方を手厚く支援してきました。それは１つの手法なんだけど、それだけじゃなくて、消費者が物を買える状況をつくることが大切で。明石市が企業支援なんかしてもたかが知れていますし、それなら子育て層の負担を軽減して、彼らが街にお金を落とすよう促し、商店街を潤した方が効率的なんです。

明石市でもやっぱり、子育て政策の先にある経済対策はもちろん見越していたわけですね。ちなみに、市長に就任されて一番最初に取り組んだことって何だったんですか？

最初にやった仕事の1つは、駅前の再開発中のビルの中身をごっそり入れ替えたことです。子育て支援施設と図書館にね。

それ、企業とか物を売る側の人たちからの反発がすごそうですが……。

むちゃくちゃ怒られましたよ。駅前の立派なビルに、そんな利益も出んような施設を入れて何が楽しいんや、と。それで説得したわけです。そんなもん、親子連れが来るようになったら自然に人が集まるやないか、と。普通だったら3000円かかるような遊具施設でタダで遊べて、絵本2冊買うのに3000円かかるところを図書館で借りればタダになる。合計6000円浮いたお金を、近くの商店街で落とすようになる。おのずと皆さんが儲かる仕組みになるんだから、少し待っててくださいと。結果、私の読み通りです。駅ビルができたら子育て層が集まって、商店街が新店ラッシュになりました。

遊具施設で思いっきり遊んだら当然腹が減るので、近くの商店街で飯でも食おうかってなる。そのついでに何か買い物でもって流れで、お金が落ち始めると。よその地域でお金を落とすんじゃなくて、あくまで明石市で落とすっていうのがポイントですよね。

まさにおっしゃる通りで、その点でも極めてうまくいったと思います。直近では、コロナ対策でも同じようなことがありました。国から地方自治体に助成金がありましたけど、これ、多くの自治体は、タクシー会社やバス会社の経営補塡に充てるんですよね。そんなことをしても、お金が回らないですやん。明石市には10億円ほどの助成金がありましたけど、人口30万人で均等割りして、赤ちゃんからお年寄りまで均等に３０００円分の商品券を配る形にしたんです。もちろん、タクシー乗車も商品券の対象に入れる。すると市民がタクシーを使うようになるし、一度乗るとタクシーの習慣がつくし、会社も儲かるようになる。経済を回すためにはダイレクトに企業や事業者をサポートするんじゃなくて、いったん市民を噛ませることが大切なんです。

お話を聞いていると、少子化対策っていうよりは、観光客誘致施策に近い気がします。少子化で、子育て層の負担を軽くしようっていうのはあるんだけど、結果的に商店街に足を運ぶようになって、うまく経済が回る。少子化対策で経済が回るっていうよりは、人さえ来れば潤うよねっていう、至極単純な話。それと、浮いたお金が貯金に回らず落ちていっているのも大きいでしょうね。

そこも大きなポイントで。例えば高齢者の方なら、70歳80歳でも「老後が心配だから」って貯金する人も多いでしょ(笑)。国がやった10万円の給付金なんかも、ヨードンでお金を配っても預金通帳の残高が増えるだけなんですよね。そこはやっぱり、お金を止めずにどうやって回すかっていうのを意識したつもりです。

政策はスピード勝負。「調査する暇があれば救う」

今のお話は、いわゆる乗数効果の典型的な例だと思うんですが、子育て政策を実行に移すまでにどんな実地調査をされたんですか？

私、調査嫌いなんですよ。

調査が嫌い（笑）。

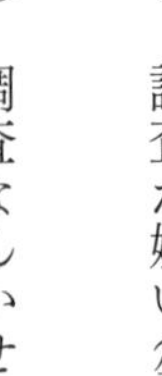

調査なんかせんかて、街に出て見たらわかるやないですか。まず行動して、やりながら変えていくだけ。

事前調査は一切せずにとりあえず何らかの政策をとって、その反応を見て調整していくってことですか？

そうです。例えば、コロナが始まった頃のこと。明石市のある大学生が、コロナでバイトも満足にできず、学費が払えないと悲鳴を上げていたんです。よっしゃ、代わりに払ったるわ言うて、すぐに市が大学に50万円払うことを公表しました。無利子・無担保です。そしたら数日後に学生から連絡が来て、「足りません」と。恥ずかしながら、私、大学の前期学費の相場を知らなくて。文系でも60万円するって言うんで、すぐにプラス10万円を決めました。そしたらまた連絡が来て、理系だと90万円やと（笑）。慌ててさらに全額をあげたわけですが、それをすべて10日ほどでやったんですよ。

めちゃくちゃスピード対応ですね。現場は大変そうですが……（笑）。

その都度、記者会見をしました。困っている大学生は、明石市がサポートするから連絡してほしいと。そしたら今度は、大学院生や専門学校生から「対象は大学生だけなのか」ってクレームが来て（笑）。じゃあ、まとめてみんな面倒見たるわって、対象を学生全般に広げました。

まずは行動に移して、想定外の反応があれば、途中で補正予算を組んで帳尻を合わせる。ニーズに合わせて予算を増やす形ですね。ただそうは言っても、そういう政策にも結構お金がかかるじゃないですか。大学生1人に100万円近く払ったり、結構太っ腹だなと思うんですけど、そんな短期で簡単に予算が下りるものなんですか？

うち、やたら羽振りがいいんですよ（笑）。と言うより、先ほどの公共事業の話もそうですけど、他でどれだけ無駄遣いしてんねんって感じかな。さかのぼれば、私が市長に就任したときは、赤字財政で市の貯金が70億円まで落ち込んでいたんです。それが今や、121億円にまで回復しました。私が市長になってから、51億円の貯金を増やしたわけです。

それもやっぱり、子育て政策で経済がうまく回って財源が増えたわけですよね。

でも、市にお金があるとしても、市議会の方で、「そのお金の使い方はさすがに」みたいな反対されません？

まあそこは……。ご存じの通り、市議会と私の関係性は良好とは言えません（笑）。ただ、政策や予算の使い方に関しては、ほぼ全員に賛成してもらっていますね。私個人に対して「あいつ憎たらしいなぁ」って思う方はたくさんいて、鉄砲玉もたくさん飛んできますけど（笑）。まあそれは私のキャラクターの問題で、政策自体に関しては、皆さん賛同してくれることが多いです。

そのキャラクターに対しての攻撃は、ちょっとしょうがないかなと思うところもありますが（笑）。でも、市議会の人たちも、泉さんの政策に対しては信頼しているってことなんでしょうか。

いや、結局、街の声ですね。圧倒的な市民の支持があるからだと思います。言っておきますけど、明石市は子育て政策だけじゃないですよ。先ほども少しお話ししたように、コミュニティバス料金の無料化や認知症検診の助成など、高齢者のサポートも手厚いですから。加えて、明石駅前の商店街は過去最高の利益を叩き出してるし、建設業界は建設ラッシュで。直近の調査だと、全国で中古マンションが値上がりしているエリアの第3位が、25％アップした明石市なんです。ランキングベスト10に、首都圏以外で入っているのは明石市だけですからね。これだけ経済が回れば当然市民も支持してくれますし、市議会でも政策や予算案が通りやすくなります。

大都会なんかだと、地の利があって価値が高まったりするじゃないですか。明石市は純粋に政策ベースで価値が上がったってことなんですか？

本音を言うと、明石はもともと価値が低すぎるくらいだったんです。例えば、関西で人気のエリアはぶっちぎりで兵庫県西宮市ですが、あそこでいいマンション買おうと思ったら最低5000万円くらいなんですよ。でも明石市は、少し前まで、2000万くらいだった。今は3000万くらいまで上がっているけど、それでも西宮市なんかに比べたら安いので、割安感はあると思います。

明石市なら、住宅ローンの資金計画がリアルに想像できる。公園や子ども向けの施設もたくさんあって、雰囲気がよくて住みやすい。子育て層の人気エリアとして不動産バブルになるのも十分理解できます。大阪まで40分弱、十分通勤できるっていう地の利もあるんでしょうけどね。

フランスを反面教師にした持続可能な財政構造

そうやって景気がよくなると、ホームレスの人が増えたりしません？

そこは意外と、少ないんですよ。生活保護はどこのエリアでも受けられますから、そういう意味では、明石市は都会じゃないので、受け取れる額が少ないんですね。都会の方が炊き出しなどのサポートも手厚いですし。

なるほど、家がなくなったら都会にいる方が得なんですね（笑）。そういう意味で言うと、明石市の子育て支援目当てに来るような収入の低い人、あるいは生活保護を受けているような人は、意外と少ない？

おっしゃる通りです。例えば、「5つの無料化」で保育料や医療費を無料にしていますが、生活保護の方たちはもともと無料だから、わざわざ明石に来る必要がないんです。低所得者の方も、もともと保育料は安いですしね。それと、現金バラマキ政策みたいなこともやっていないので、それを目当てにやってくる人もほとんどいないと思います。えてして明石市の政策は、中間層以上の人たちが得する仕組みになっているんです。このあたりは、実は相当考えましたね。

経済効果という意味では、政策に使う予算と税収のバランスは極めて重要な気がします。

ここは実を言うと、フランスの政策を参考にしたんです。言わずもがな、フランスは、少子化対策に成功した代表的な国の1つです。ひろゆきさんは実際にパリにお住まいなので、現地のリアルな子育て政策の様子もぜひ伺いたいと思っているんですが。まず、日本とフランスの大きな違いとして、移民問題が挙げられますよね。

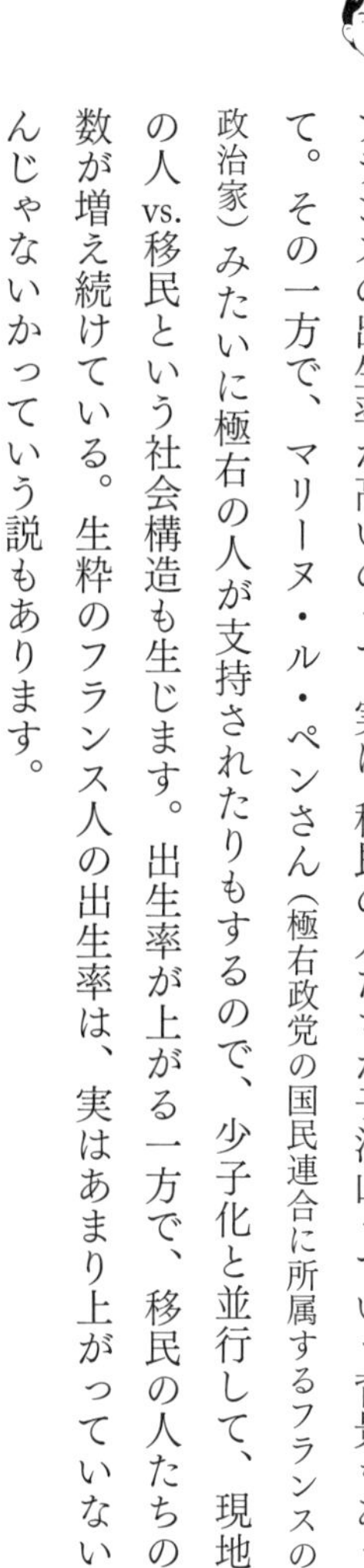

フランスの出生率が高いのって、実は、移民の人たちが子沢山っていう背景もあって。その一方で、マリーヌ・ル・ペンさん（極右政党の国民連合に所属するフランスの政治家）みたいに極右の人が支持されたりもするので、少子化と並行して、現地の人vs.移民という社会構造も生じます。出生率が上がる一方で、移民の人たちの数が増え続けている。生粋のフランス人の出生率は、実はあまり上がっていないんじゃないかっていう説もあります。

少子化が改善されるほど、移民問題という新たな課題が際立ってくるわけですね。言葉を選ばなければいけませんが、移民の人たちは、低収入の方も少なくありません。そうなると、子育て政策にかけるお金と税収のバランスがとれなくなって、破綻してしまうリスクもあって。だから、私が明石で子育て政策をやるときは、中間層に光を当てて、持続可能な財政構造に持っていくことを強く意識しました。

そこが先ほどの、所得制限をかけないことで中間層以上の家庭が集まってくるって話につながるわけですね。

その通りです。ダブルインカムの納税者の方に来てもらって、そこがお金を落とすっていうストーリーをつくったんです。あともう1つフランスから学んだのは、移民問題って、やっぱり対立を招きがちなテーマなんですよ。明石市も同じで、他の市町村から人を連れてきて優遇するばかりでは、もとから明石市に住む人たちとの対立を生むんです。それを避けるために、優先度としては、ずっと明石市に税金を納め続けた人が、まず第一。そこを強調しないと反発を生んでしまいます。

そのあたりの対立もあるかもしれませんが、基本、日本は日本人しかいないので

ラクだと思うんですよね。EU（欧州連合）だと、貧しい国の人でもフランスに住めて、国から補償がもらえるんですよ。低収入だと、家賃手当みたいなのを毎月2〜3万円支給されたり。フランスに移住するだけでお金をもらえちゃうんで、じゃあ行くわっていう人も出てきますし、現地の人との軋轢（あつれき）は生じざるをえません。

確かに、EUのように各国の財政状況が異なると、対立を生みやすい構造にならざるをえません。ただ、同じ日本人同士でも多少のやっかみはありますので、明石ではそうならないように、あくまで中間層以上が得をする政策や、分断のもととなるバラマキ的な政策にならないようなサポートの仕方を目指したつもりです。

大胆そうに見えて実は「置きにいく」政策

先ほど調査が嫌いとおっしゃっていたわりには、政策の骨子となる部分の考え方

は、かなり綿密ですよね（笑）。

私、よう勘違いされるんやけど、かなり慎重派なんですよ（笑）。例えば、保育料の無料化も第2子からで、第1子からにはしていないんです。これ以上待機児童が増えてしまうと、対応できなくなりますから。それから給食費無料も、小学校は対象外。小学校の給食を無料にするには年間で8億円の予算がいるんですけど、持続可能な額かと言うと、若干不安があったので。そういう意味では、「5つの無料化」もまだ完全な形では実施できていません。あくまで慎重に見極めながら進めている状態です。

大胆なように見えて、意外と置きにいく政策をとってるんですね。それで世の中にあれだけのインパクトを与えたのは、さすが見せ方が巧妙と言うか、泉さんのキャラクター勝ちというのもあるかもしれませんが（笑）。

意外と普通なんですよ（笑）。明石市の今の予算配分は、ベッドタウンの極めて標

準的な配分です。意識したわけじゃないけど、ちょうどOECDの平均値と同じくらいなんですよね。だから叩かれてもボロが出ないし、実は政策に穴がない。子育て政策は持続してナンボなので、無理のない予算設計が大切だと思います。加えて明石市は、実は国からかなりのお金をもらっています。お金と言うか、国がやってほしいパイロット事業をうちがやってるんです。例えば、明石市は児童虐待防止にも力を入れていて、「西日本こども研修センターあかし」という施設をつくりました。子ども虐待対応機関や施設の職員を対象に、専門的な研修を行う施設です。これ、箱の建設費とランニングコストは全部国が持ってくれています。

へえ！それはまた、なんでそういう経緯に。

この手の研修センターがまだ全国で1カ所しかなくて、2カ所目を厚生労働省がつくりたがってたんですよね。だから私、厚生労働省に出向いて、「明石市でやったるから、国から予算を2倍くれ」と言ったんです。

欲張りすぎません（笑）？

そしたら「2倍は無理です、全額で勘弁してください」って言うんで、渋々その条件で明石市につくりました。

全額でもだいぶ贅沢だと思います（笑）。明石の商売人的な交渉術ですね。

だってこっちは市の土地を提供するうえに、どんな施設にするかいろんな知恵を絞らなければいけませんからね。国に限らず、民間とも似たようなことをやっています。新しい制度とか、新規パイロットプロジェクトを明石で実践する代わりに、その予算を国や民間に出してもらう。その際に、各所から優秀な人材も来るので明石の現場も活気づくし、そのプロジェクトが成功したら、明石以外の他の自治体でもノウハウとして活用できるので、お互いがウィンウィンなんですよ。

アポなしで霞が関に凸する無鉄砲市長

泉さんは国の文句ばっかり言っているイメージがありますけど、何だかんだ予算もちゃんとつけてもらってウィンウィンに持っていくっていう、そのネゴシエーションがかなり狡猾ですよね（笑）。でも、そもそも、相手の泣き所を知らないと攻められないじゃないですか。先ほどの話だと、「厚生労働省が研修センターをつくりたがっている」という情報を知らないとできない。そのあたりはどうやって情報収集してるんですか？

とにかく頻繁に東京に行くことですね。霞が関、永田町をぐるぐる回りながら情報を仕入れて、明石市がやりたいこととのマッチングを見つけて。めちゃくちゃアンテナ張って、何かいい話があれば、それをどうウィンウィンの形まで持っていくかを考えて。コロナがあって減りましたけど、多いときは毎週東京に行っていましたよ。

そんな頻繁に。でも、国会議員とか官僚の人にアポ取ったり、スケジュール押さえるのはかなり大変じゃないですか？

いや、普通に行ってますけど。

え、アポは？もしかして、勝手に会いに行く？

予約取らずに立ち寄っても対応していただけたりしますので。

それ、泉さんだから許されてるだけでしょ（笑）。

まあそこは、キャラもあるでしょうね（笑）。ただ、特に法務省とか厚生労働省とは長らく一緒にやってきて、彼らがやりたいことを明石市がやってきたっていうのは実績としてあります。例えば、明石市では更生支援・再犯防止条例を定めてますけど、それはもともと法務省が再犯防止のために実現したがっていたプロジェクトなんです。でも、やっぱりウケが悪くてどこの自治体もやらなかったところを、明石市が引き受けた。その代わり、法務省から優秀な人材を送ってもらうとか、いろいろな条件をつけましたけど。だからいまだに、法務省からは感謝されています。

「あの市長は口は悪いけど、やってほしいことはやってくれているしな」っていう感じなんですね、官僚の人からすれば。

国会の議員会館にもよく行くんですよ。国会議員が動くと官僚も動きますからね。官僚と政治家と国民って、じゃんけんなんです。官僚は常に上から目線なんで、国民とか地方自治体にキツいんです。でも、人事権を握られているから政治家には弱い。その政治家は、選挙があるから国民に弱い。官僚を動かそうと思ったら政治家、国会議員を動かさんと、じゃんけんに勝たれへんから。

市長はある意味で国会議員より力を持つ存在

ちょっと話は戻りますが、大学生に学費を支援したっていう、さっきのスピード対応のお話で。考えてみれば、明石市はコロナ対策もかなり対応が速かったですよね。

特に市民からの評価が高かったのは、学費と家賃を無利子・無担保で市が支援したことですね。個人商店などはコロナで経営が悪化し、家賃の支払いを危ぶむ声も直接聞いていましたから。いつまでに必ず振り込まなきゃいけないっていう緊急性の高い融資に対応できたのは大きかったと思います。

コロナ禍では国の支援の遅さがかなり批判されていましたし、自治体によっても対応にかなり差がありました。明石市でそこがうまくいったのは、予算に余裕があったことと、「調査嫌い」でお馴染みの泉さんが、とにかく対応のスピード感に

こだわったから?

と言うよりも、他のエリアでは根本的に、「従来の手順通りじゃなきゃいけない」っていう前例主義がはびこっているからでしょうね。国も多くの自治体も、目の前で溺れかけている人を見て、まずは「助けていいですか?」って周囲にお伺いを立てることから始めるんです。そうやって各所に確認をとっている間に、目の前の人は亡くなっていく。子育て政策もそうですが、「やる」と決めたら即座に行動に移すべきなんです。ちなみに明石市では、コロナ禍の2021年には、人事異動を計27回やりました。

1年で27回ですか⁉

はい。それまでは普通に年に1回、毎年4月に人事異動をしていたんですけど、私が市長になってから回数が増えて。その年は27回。月に2回以上人事異動している計算になりますね。

現場は大変だろうなとは思っていましたが、予想以上でした（笑）。思いつきで人をバンバン動かしちゃったら、後でトラブルになったりしませんか？

ただ実際は、名指しで人事異動することはほとんどなくて。こういった事業をやるから適した人材が5名必要とか、そういう現場の要請に従って人を動かしている感じですね。例えば、コロナの影響でテナント料が払えない飲食店に支援金を振り込んだり、保健所とか人手不足の現場に人を送ったり。コロナ患者の方が増えると保健所に人がダーッと行って、減ってくるとまたもとの部署に帰ってきて、みたいなことを繰り返して27回。季節労働者みたいなもんですわ。

労働基準法とか勤務規定的には、その異常な回数の人事異動は大丈夫なんですか？　現場の人の反発もありそうですが。

法的には全然大丈夫ですよ。だってどこに行こうが、市役所の範囲ですから。遠

くに赴任するわけでもないし、給料減らすわけでもないし、降格させるわけでもない。まあ職員によっては、不満に思う人も当然おるし、反発もあります。でも、しょうがないかなぁ。市長は１００人中１００人に好かれる仕事じゃないから。

人事異動は、基本的に泉さんの独断で指示するんですか？

もちろんです。これ、かなり大切なことなのできちんとお伝えしたいんですが、市長という立場で最も重要なのは、人事権と予算編成権を行使できるってことなんです。何か改革をしようと思ったとき、必ず必要なのは人とお金です。その両方に権限を持つ市長という役職は、ある意味では、国会議員よりも力を持つ存在と言えます。

確かに、菅前首相なんかも、内閣人事局をフル活用して官僚を掌握したことで随分話題になりました。予算と人事が大きな権力になることはわかるんですけど、地方自治体の市長さんがそれを行使しまくってるイメージは、正直あんまりないです。

人事権と予算編成権を行使できるっていうのがどういうことか、市長を含め、みんな理解してないんですよ。私が初めて人事権を行使したのは、市長になってから4年くらい経ったときかな。何をしたかって言うと、人事部の課長を呼んで、「今からあなたを、人事部の課長兼、市長室の課長に任命します」って言ったんです。ホンマにできるんかいなって、半信半疑だったから。そしたらホンマにできて。5分後くらいに。

ホントにできたからびっくりしたと(笑)。

市長ってホンマに人事異動できるんや！ って感動して。で、そこから年間27回の人事異動に至るわけですね(笑)。

権利を行使する代わりに全責任は自分

予算もね、本質的な意味で、予算編成権を行使している市長は私くらいだと思います。予算って大体積み上げ式なんですよ。いろいろな用途に細かく分かれてて、それを下から積み上げていく。で、積み上げ終わった最後に、「これでいいですか？」って市長に確認をとる作業なんです。でも、それじゃ遅い。私は大体前もって、「3年後にこういう子育て政策やるから、10億円確保しておいてくれ」と財務に言っておくんです。その年は税収が10億円減ったと思えばいいわけだから、簡単なことです。その指示をするかどうかだけ。

最初に「10億円使うぞ」って宣言してしまえば、役所の人も何とか帳尻を合わせてくれると。

10億円くらいなら、どこの市でも税収で減ったり増えたりしてますから、今年は

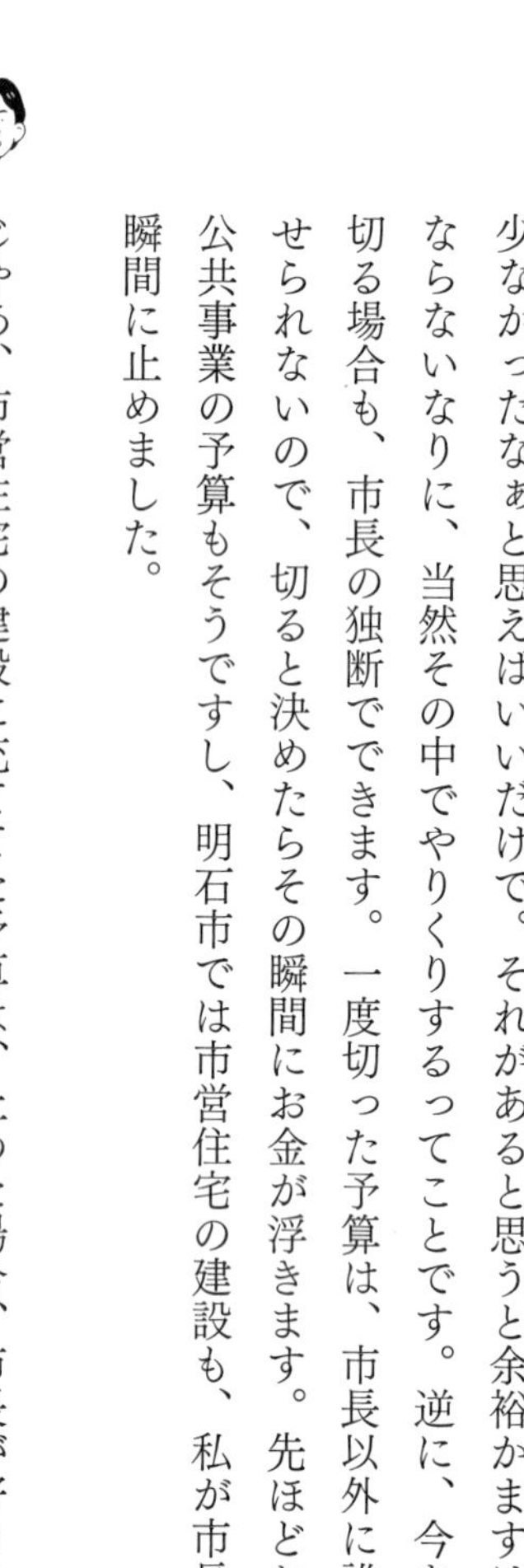

少なかったなぁと思えばいいだけで。それがあると思うと余裕かますけど、ないならないなりに、当然その中でやりくりするってことです。逆に、今ある予算を切る場合も、市長の独断でできます。一度切った予算は、市長以外に誰も復活させられないので、切ると決めたらその瞬間にお金が浮きます。先ほどお話しした公共事業の予算もそうですし、明石市では市営住宅の建設も、私が市長になった瞬間に止めました。

じゃあ、市営住宅の建設に充ててた予算は、止めた場合、市長が好きに使っていいってことですか？

そうそう。明石市って、県内でも公営住宅がやたら多い地域なんですよ。空き家の民家を壊して建て直す方に予算を割いた方が効率的なので、そっちにシフトして予算を浮かせました。

浮いた分は好きに使えるんだ。好きに使えるっていう表現はなんか誤解を招きそ

うですが、そういう意味では、市長が自由に動かせる予算って大体どのくらいなんですか？

ほぼ全額ちゃいますか？ 市長っていうのは、選挙で選ばれた瞬間に、たった1人に権限と責任の両方が課せられますから。本来、至って孤独な役職なんです。

多くの市長さんは、すべての業務に携わるのが大変だから、その権限を部下に分散させて、代行させてるわけですね。

それは同時に、連帯責任にもなりますしね。でも、すべての物事を決定して、それに伴う責任も負うのが本来の市長の姿であって。私、よく変わり者に見られますけど、自分としては本来の市長のあり方を全うしているだけなんです。選挙で選ばれて市長になった以上は、すべての権限を行使することを公言して、行動に移し、その責任を負いますっていうスタンスを貫いてるだけです。

子育て政策が明石周辺の自治体にも広がっていますけど、それと同時に、権利を行使する市長のあり方みたいなものも伝承していくべきだと思います？

それが本来の姿です。ただ、特に人事権に関しては私もいろいろ苦労しました。

でも、人事権をはじめとする権限もろもろって、使わないと理解してもらえないじゃないですか。菅前首相が総務省で偉くなったときも、いろんな人事権を行使したからこそなわけで。

それ、ポイントなんですよ。私は以前国会議員でしたが、国会議員は人事権もないし、総理大臣になったところでやれることはたかが知れてると思ってたんです。市長の方が、よっぽど権利を行使できるやないかと。でも今は状況が変わった。政治主導を推し進める中で２０１４年に内閣人事局ができて、総理大臣が事務次官以下の人事権を掌握したから、言うこと聞かなかったら首を飛ばせられるようになったんです。だから首相が「防衛費２％」と言えちゃうのは、本気でやろう

と思ったらできるからなんですよ。

そういう意味では、今の日本は大きな方針転換が可能ってことですね。

おっしゃる通りで、ある意味では大統領制に近づいていると言えます。あらゆる政策において、思い切ったことができるようになったんです。政治家はずっと、その権限を表に使うか裏に使うかのどっちかなんで。いろいろな意味で可能性は広がったと思いますけどね。

市と県の権限が違う中で明石市ができたこと

逆に、市長だとできないことって何があるんですか？

教育、医療、警察。この3つに関する権限が、実は市長にはないんです。

教育ってのは意外です。これだけ子育て政策が回っているのに。

例えば、市立の学校の建物は市のものですけど、働いているのは県の教員なので、人事採用も異動も県の管轄になります。だから、いじめ問題に介入したくても、市長の言うことなんかなかなか聞いてくれません。一方で、建物の権限は市にありますから、教室のガラスが割れたら弁償するのは市です。それから、生徒と教師間で何かトラブルが起きて生徒側が訴えた場合、学校を設置しているのは市だから、被告が市長になります。つまり、建物の破損賠償するのと、裁判でごめんなさいするのは市長で、その不祥事を調査する権限や、人事に関する権限は一切持てないんです。

責任と借金だけ負わされて、再発防止のための調査すらさせてもらえない状況。むしろフリースクールの方が、市長の権限が使えるって話ですね。

まったくひどい話で、こんな状態で教育現場をよくできるわけがないんですよ。あと医療に関しては、病院の病床を増やしたりする権限が市長にはないんです。だからコロナ禍では、その権限がある都道府県知事が動かなければいけなかったのに、それをやらないのは医師会が怖いからです。

警察の場合はどういう権限になるんですか？　児童虐待とか高齢者詐欺といった問題に介入して警察と協力できれば、もっと解決が速いということ？

それももちろんありますが、例えば、信号機をつけるのも警察の権限なんですよ。

あ、信号機って、警察の県予算なんですね。

明石市みたいに人口が急激に増えて街が広がると、当然、交通事情も変化しますから、新しく信号機が必要になる場所が出てくるわけです。その交渉が、いちいち大変で。県は予算を増やしたくないから消極的だし、とにかくゆっくり屋さん

だから物事が進むのが遅いんですよね。この前なんか、業を煮やして、「予算が足りないなら、あそこの信号機を引っこ抜いてこっちに移動していいですか？」って聞いたら笑われました。

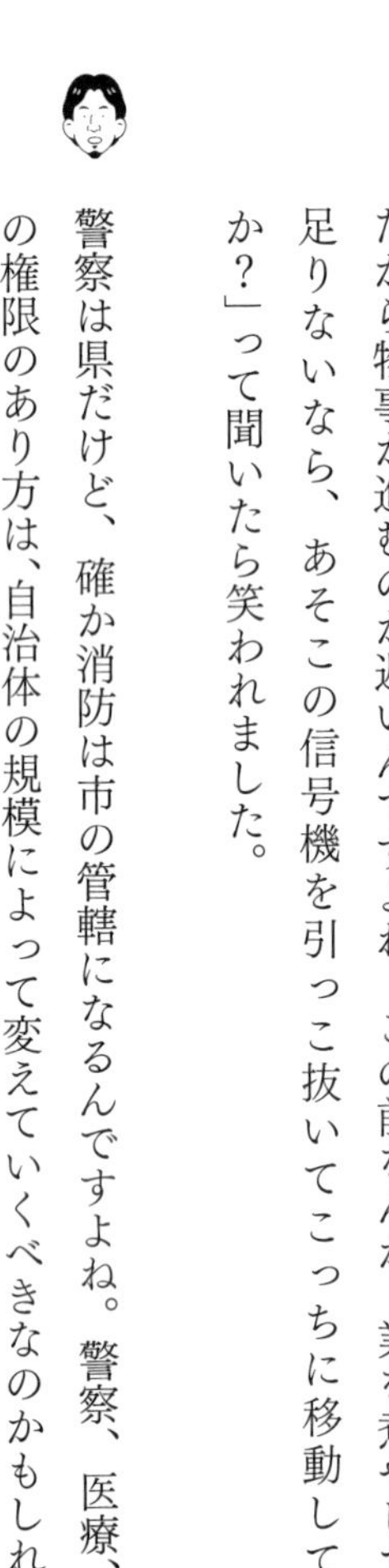

警察は県だけど、確か消防は市の管轄になるんですよね。警察、医療、教育などの権限のあり方は、自治体の規模によって変えていくべきなのかもしれませんね。

そこは国も少しずつ対応していて、今、政令指定都市に限っては、教育と医療の権限が市のものになったんですよ。

ってことは、明石市も70万人くらいまで人口を増やせば、教育と医療の権限を手に入れられるわけですね。あるいは明石単体じゃなくても、周りの市と合併して政令指定都市にするのもアリなんじゃないですか？

それも企（たくら）んでいた時期はあったんですよ。それこそ、例えば神戸市の両脇にある

西宮市と明石市が合併したら70万人超えるから、政令指定都市になれるなと思って。でも、神戸を挟んで西と東だと、現実的に難しいですよね、やっぱり。飛び地の国もありますし、理論的にも法律的にも可能ではあるんですけど。

合併して、飛び地だから行政的には2つに分かれています、でも教育や医療の権限はちゃんと市が持ってますっていう方がよくね？っていう発想に乗ってくる市があれば、組んじゃってもいいと思うんですけどね。

ただ一方で、権限がない状況下でもできることがあって。例えば、未就学児の施設のそれぞれの権限ですが、一般的には幼稚園が文部科学省、保育園が厚生労働省、子ども園が内閣府にあるんですよ。3つとも同じような施設なのに、管轄がバラバラで、何とかしたいと思っていて。で、私が市長に就任した1年目に条例改正して、幼稚園を市長の権限に持ってきたんです。

そんなことが可能なんですね！

可能なんですよ、これが。ちなみに図書館の権限も文部科学省だったんですけど、それも条例で市長の権限にしました。それで何をしたかと言うと、まず駅前に図書館をつくりました。次に、幼稚園の余っている教室に保育所を入れました。少子化だから幼稚園の子どもの数って、私が子どものときに比べると半分にまで減っているんですよ。にもかかわらず、幼稚園の数がほぼ横ばいなもんだから、教室が余っていたんですよね。

それもまた、明石市独自の取り組みですか？ 文部科学省としても、幼稚園を市に任せられるんだったら仕事がラクになったって思うかもしれないし、権限に不満を持っている市長さんが多いならなおさら、バンバンやっていくべきだと思うんですけど。

やってはる市長さんもいらっしゃいますけど、まだまだ少数ですね。やっぱり、仕事が増えるから。変革にはどうしてもハレーションがつきもので、幼稚園も最

初は抵抗がすごかったんですよ。でも権限はこっちが持っているから、いかようにも動かせるわけです。

脅しが通用すると(笑)。

にっこり笑ってやってます(笑)。でもやっぱり、権限という2文字はとてつもなく強力で。人事権を含め、あらゆる権限を持っている市長との対話の中では、一定の方向への整合性を保とうとするエネルギーが働きますから。やっぱりバックとしての権限と、それをするに値する予算をちゃんとつける責任というのがセットじゃないと、人は動かないと思いますね。

第 4 章

フランスと比べて考える日本の子育て事情

「ベビーカーが邪魔だ」と苦情を言った人の末路

子育て政策を考えるとき、フランスの事例をいくつも参考にしたんですよ。ひろゆきさんは現在パリを拠点に活動されていますが、実際に住んでみて、子育てに関する空気感の違いって何か感じますか？

話を聞いている分には、おそらく、日本よりフランスの方が子育てがラクな感じはしますすね。妊婦さんとかベビーカー押している人が電車やバスにいたら、100％席を譲るんで。エレベーターがない駅もあったりしますが、絶対に周囲の人が手伝ってくれます。

フランスでは、幼稚園などの保育施設もすべて無料ですよね。単純に、子育て支援に日本の倍の予算を使っているので、その分手当が厚い。

基本的に出産費用もすべて無料です。ちなみに、こっちだと9割が無痛分娩なんですよ。子どもを産んだ後に痛みが残った状態だと、そこからの子どもの世話が大変じゃないですか。だったら無痛分娩にして、体力残した方がいいよねっていう、極めて合理的な考え方をしています。検査とかも保険でカバーされているし、子育てに関してお金を支払うことって、ほとんどないんじゃないかなぁ。

フランスも昔は、今の日本のように少子化が非常に深刻だったんですよ。国全体で少子化対策に一気に舵を切ってV字回復を達成した、代表的な成功モデルです。ポイントは、国全体が子どもの方を向けば、街がやさしくなるという点です。このあたりは私も子ども政策をやる際にかなり意識したんですが、実際、明石市の街の雰囲気はかなり変わりました。市民の声を聞いても、子ども政策に取り組み出してから、街がやさしくなったと。子連れのお母さんが困っていたら声をかけたり、高齢者の方が重い荷物を持っていたら手伝ったりする心の余裕ができて、空気感が変わるんだと思います。

現にフランスでは、妊婦さんとかベビーカー押している人の割合が、日本より高いんですよ。だからそれが日常風景として認識されて、当たり前だよねっていう感覚になる。日本だと、満員電車にベビーカー乗せると文句言われますが、フランスだと逆に文句言った方が袋叩きに遭うと思います。あとは、夜泣き。日本だと、子どもが夜に泣き出すと、近所迷惑になるからって、お母さんが焦ってあやしたりするじゃないですか。

そうですね。子どもが泣くのは別に自然なことなのに、周りに迷惑だからっていうプレッシャーがあること自体が、実は問題で。

フランスだと、泣いてても放っておくんですよ。すると子どもって、1時間くらいしたら、大体疲れて寝ちゃうんですよね。周りも大して気にしない。同じように、レストランで子どもが騒いでいても、「子どもってそんなもんだよね」っていう感じで、目くじら立てる人は少ないと思います。

まさにそのあたりを、フランスから見習おうと思って。先ほどもお話ししましたが、私が市長になったとき、駅前のビルに子ども用の施設をぎょうさん入れたんですよ。駅出てすぐの案内所に授乳室があるし、オムツ替え台もある。とにかく駅前をベビーカーだらけにしたら、それが当たり前の風景になっていくんですよね。

明石駅に子育て支援センターがあるじゃないですか。無料で使えて誰でも行けるやつです。パリだとそういう施設が区に1つや2つあって、家族連れで相談に行ったり、身体測定や予防接種もそこでできるようになっています。

明石市でも駅前の一等地に、子どもの検診も遊び場も図書館も揃っています。静かな場所じゃなくて、子どもが騒いでも泣きわめいてもいいっていうコンセプト。だから親子連れの方々が、そこで気兼ねなく時間を過ごせるような空間になっています。

ただ一方で、一等地に子どもや家族連れのための施設をつくることに対しては、少なからずよく思わない人もいますよね。例えばわかりやすい例で言うと、児童相談所を建てるときってよく揉めるじゃないですか。数年前に、東京都の南青山に児童相談所を建てようとしたら反対派がかなりいて大炎上したことがありましたけど。街の雰囲気が変わってベビーカーが当たり前の風景になれば、反対派の人たちのような価値観や考え方も変わっていくものでしょうか？

それが、変わるんですよ。実際に明石市でも、ＪＲ駅前、市内のど真ん中の一等地に児童相談所をつくったんです。それについては、反対ゼロ。市議会議員も地域町内会も市民も誰も反対しないんで、逆に私がびっくりしたくらいです（笑）。ただお話しした通り、子育て政策に力を入れ始めた最初の頃は、特に商売されている方からの反発はすごかったですし、今も内心ではあまり快く思っていない方もいらっしゃるかもしれません。明石市はかなりの時間をかけて、子どもの命を守るというコンセプトで街づくりをしてきたので、今、ようやくそれが浸透して、ご理解いただけている状況ですかね。

社会が子どもを見るフランス、親が子どもを見る日本

明石市とフランスの子育て政策の比較で言うと、オムツ定期便で見守りするお話があったじゃないですか。フランスでは、児童福祉的な立ち位置の人がいて、彼らの権限がものすごく強いんです。子どもがどういう環境で育てられているかを定期的にチェックするために家庭訪問するんですけど、環境がよくないと判断すれば、彼らの独断でその子どもを連れ去る権利があるんですよ。

日本の場合は、危ないと判断しても、時間がかかることもありますね。

そうなんです。でもフランスでは、現場の判断で子どもを連れ去る権利があるので、子育てがそれほど得意じゃない親のもとで危険な目に遭っている子どもを助けられるんです。

これは非常に重要なポイントだと思います。ヨーロッパと日本の子育てにおいては、大きな違いが2つあると思っていて。1つは、子どもの面倒を誰が見るべきかという意識。ヨーロッパは社会全体で面倒を見る意識が強いですが、日本は親が面倒を見るべきだという思想が強い。もう1つは、子どもの主体性における意識の違いです。ヨーロッパは、早ければ6歳くらいから、子どもの人格がものすごく尊重されるんです。対して日本は、20歳過ぎても子ども扱いっていう状況で、親のお荷物という意識がどこかにある。ヨーロッパは、育つ環境が子どもにとって望ましくなければ行政が分離するのが当たり前なんだけど、日本は親にやたら気を遣って、親が「ノー」と言えば介入しないんです。そこは変えていくべきだと思う。

フランスでは、各エリアの統括部署が子どもの家庭環境の調査を行っていて、危険やリスクを感じた際には通報するよう、全市民に義務付けているんです。日本でも通報システムはありますが、フランスは、人口比率で日本の4倍ほどの通報

量だそうです。

国民の意識もありますが、基本的に、日本は児童相談所が冷たいんですよ。私は弁護士時代に、虐待を受けて亡くなった子どもの弁護も何度かやったことがあって、実情は本当にひどい。でも、児童相談所に相談してもやる気がないと言うか、納得いくような対応をしてくれなかったので、市長になったら自分でつくってやろうと常々思っていました。

実際につくったんですか？

はい。子どものためのサポートができる、ヨーロッパ型のやつをつくりました。明石市では児童相談所の職員の数を、国の基準の2倍以上でスタートしました。そもそも国の基準に無理があって、その人数だと、すべての子どもの様子を見るなんて不可能なんですよ。だから明石市では、自腹を切っても職員を増やしてます。

日本の基準だと、確か保育士1人が3歳児20人の面倒を見なきゃいけないとか、そういうレベルなんですよね。その時点で無理ゲーです。

そうそう、結局シンプルな話で、子どもにお金を使っていないのが原因なんですよ。そのあたりを明石市では、私が市長になってから子どもの予算を2倍以上に増やしていますから。児童相談所の職員数を増やすだけでなく、弁護士や医師といった専門職の方にも常駐してもらっています。私は明石市で児童相談所をつくる前に、全国を回って13カ所を見に行きましたが、正直、場所によって全然レベルが違うんですよ。とりわけ、専門職の人が常駐しているかしていないかでかなり質に差が出ます。例えば、ある児童相談所に伺ったとき、家庭訪問に慣れているから水道の検針をしていた人が異動してきたって言うんです。

子どもと全然関係ない（笑）。

だから結局、人事異動しやすいところから人を回しているのが現状なんです。確かに児童相談所はハードな仕事だから、人が集まりづらい部分もあります。昼夜問わず対応しなきゃいけないし、批判されるし、親とケンカするかもしれないし。だからそこは予算をかけて、意識的にスキルのある人材を集めていかなければいけないと思っています。

日本で無痛分娩が進まないのは利権が絡んでいる？

日本の場合は、文化的な面でも子育てを難しくしているなと感じることがあります。例えば、日本では少し前に液体ミルクがようやく解禁されましたよね。そもそも、液体ミルクがよくないっていう議論になること自体がすげえなぁと思うんです。こっちの病院だと、産まれた瞬間から飲まされるんですよ。お母さんに意識があれば母乳なんだけど、意識がなかったり、帝王切開とかで体力を消耗してる場合は、まず液体ミルクからスタートする。それが議論になるとか、そもそも認可されてないっていうのが、日本ってすごい国だなと。

日本でようやく液体ミルクが承認されたのは2019年、つい最近のことですね。

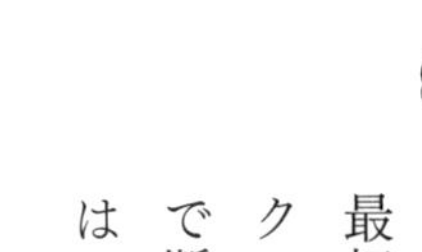

それまでは認可されてなくて、母乳信仰が根強くあって。粉ミルクもよくないし、最初から液体なのはなおさら悪いっていう謎の文化がありましたよね。粉ミルクってつくるの結構面倒くさいんだけど、液体ミルクは開ければすぐに飲めるので断然ラクなんですよ。フランスだとごく当たり前に使われているのに、日本ではいまだに議論になってて、解禁されてもあまり売れてないっていう。

おっしゃる通り、昔ながらの凝り固まった考えが日本にはあります。そういう意味では、自然分娩信仰なんかも根強く残っている例の1つかもしれません。

出産に関しては、女性の問題だけならいいんですけど、産婦人科の利権問題がありますからね。

そうなんです。昔ながらの思想と、そこに利権が絡んでくると、変革につながりづらい。

無痛分娩をする際には、麻酔を打つために麻酔医が必ず同席しなきゃいけません。一方で、個人の産婦人科医院で麻酔医が常駐しているところなんて、ほとんどないのが現状です。だから、妊娠した女性に、「麻酔なしで痛みを伴って産んだ方が、子どもに対しての愛情が育まれます」なんて言い方をする医師がいる。女性の意思で自然分娩する分には問題ないんですけど、病院側の事情で強制させるのはいかがなものかと。

物事って何でもリスクがあって、リスクとのバランスで合理的にやるのが普通なんだけど、日本は何でも完璧を求めすぎる。マスクに関しても、ワクチンに関してもそうです。選択制とは極めてほど遠いところで、どちらかに偏りすぎているところが合理的じゃないと思うんです。

そもそも通常分娩でも、手術室があって、医師と看護師が常駐していて、ちゃんと手術用具が殺菌されているような個人の産婦人科ってほとんどない。実際問題、総合病院の方が生存率は上がると思うんですけど、それって表向きに言われないし、やらないっていうのは日本の闇だと思います。

そのあたりは医師会の問題が絡んでくるんですが、それを言い出したらキリがないですよ。コロナのときも、日本なんて1人頭のベッド数が世界で一番多い国なのに、ベッドが足りないなんて、明らかに政策ミスです。結局は利権が絡んでいるので、そういう意味でも不合理だなとは思います。

児童相談所は「お墨付き」がないと保護できない

ちなみに、先ほど児童相談所の話が出たので、日本の児童相談所の実態を少しお話したいと思います。フランスでは、現場の判断で子どもを保護できるというお話だったんですけど、日本でも、基本的に児童相談所の判断で子どもを保護することは可能です。ただ、だからこそ、保護できないという公務員心理があって。要するに、誤った判断で子どもを保護して責任を負わされるのが怖いから、親とケンカしない範囲でしか保護しないんですよ。

なるほど。親に「虐待じゃなくてしつけです」とか言われて、後で揉めるのがイヤだから保護するのを躊躇（ちゅうちょ）しちゃうわけですね。

だから逆に、裁判所が介入した方がスムーズに保護できるケースが多いんです。裁判所っていうお墨付きがあれば、児童相談所の職員も自信を持って保護できるわけですね。ただ、裁判所が介入すると言っても、保護する前にチェックするのか保護した後にチェックするのか、介入なしなら保護期間はどのくらいなのかなど、そのあたりの法整備が日本は非常に曖昧なんです。今ようやく議論が活発になって、3年後にはきちんとした制度ができる予定ですが。

例えば虐待に遭っていそうな子どもを保護するかどうか迷ったとき、現状では、明石市の児童相談所の職員は何を基準に判断されるんですか？

あくまで私の方針ですが、怪しいと思ったら毅然と保護するスタンスを推奨しています。実際に明石市では、保護したものの、後で調査したら保護が必要なかったことが判明して、裁判で負けたケースもあります。そのときは、私がすぐさま親御さんに謝罪をして、再発防止のシステムを導入するなどの対応をしました。でもね、間違ったら謝るしかないのであって、謝るのが嫌で保護しないよりはマシだと思うんです。実際に虐待があったかどうかは誰にもわからないですし、判断を誤って世間から叩かれても、子どもを死なせるよりはマシですから。そう考えたら、保護して怒られ、保護しないで怒られ、児童相談所は怒られてばかりで大変です。でも、それが行政の役割ですから。採算が合わなくてリスクが高いことをやるからこそ、税金で食っているわけですからね。

海外だと、子どもコミッショナーとか子どもオンブズマン制度を導入する国が増えていますよね。子どもの権利を守るため、行政から独立した立場で調査や提言を行う第三者機関です。例えば、特定の宗教団体にハマっちゃっている親がいたときに、オンブズマン制度だと、親と子どもを簡単に引き離すことができます。子どもの信仰の自由を親が侵害していて、それが違法にあたるからですね。で、日本は2023年度に「こども家庭庁」ができるわけですが、オンブズマン制度の導入が検討されたにもかかわらず、結局見送られたじゃないですか。その理由には、日本の特定の宗教団体の力が無関係じゃないのではと思っているんです。

戦っていただいて恐縮です。

せっかくこども家庭庁をつくって、子どもの安全を守るために手広くやろうとしているのに、そういうセーフティネットを築くためのオンブズマン制度が拒絶されるっていうところに、闇を感じました。

そこはいまだに、そうした第三者機関に警戒心を抱く人や、子どもの権利っていう概念そのものに疑問を抱く人が、政界には多いということです。おっしゃる通り、今の政治を動かしている人の中には、特定の団体の影響力を強く受けている方もおられます。

明石市の場合も、司法が介入しなくても、例えば明石市が独自に有識者を集めて第三者機関を立てて、そこに保護が適正かどうかのチェックを仰ぐシステムをつくるっていうのじゃダメですか？

まさにそれが、私が導入した再発防止のためのシステムです。弁護士さんとか元裁判官の方に頼んで、第三者のチェック機関として機能してもらっています。ただ根本的な話で言うと、やっぱり児童相談所で働く職員の専門性の低さが問題であって。残念ながら、日本は職員を養成する仕組みがまったく整っておらず、国家資格もないような状況です。そこで明石市では、「西日本こども研修センターあかし」という、子ども虐待対応機関や施設の職員を対象に専門的な研修を行う施設をつくりました。全国で2カ所目の試みですが、これがうまく機能して、子どもの虐待防止につながることを期待しています。

フランスのケースで言うと、まず前提として、公的機関の家庭訪問が義務付けられているんですよ。子どもがいる家庭に定期的に公務員が様子を見に来るんですが、例えば、それを拒否したりすると、その時点でマークされると思うんですよね。そういう事前調査がベースとしてあるので、子どもを保護する際にもトラブルや誤解が少ない傾向にある気がします。日本って基本的に、ご近所さんからの通報で児童相談所が動くじゃないですか。通報で来ましたってなると、相手も身構えて余計ないさかいが起こりやすいと思うので。

日本という国は本当に特殊で、法は家庭に入らずっていう概念が強いんです。司法は家庭問題に関わらない方がよしとされる、世界的には珍しい価値観です。行政は家庭訪問しようともせず、子どもの問題は親の責任という思想が強い。その価値判断のせいでさまざまな問題が生じているので、そろそろ大きな転換を図るべきだと強く思いますね。

フランスで主流になるパートナーシップ制度とは

価値判断の話で言うと、日本では例えば、結婚しないで子どもを産むと、それだけで白い目で見られるような空気があるじゃないですか。法律上でも、結婚せずに産まれた子ども、いわゆる非嫡出子(ちゃくしゅっし)は、嫡出子の半分しか相続をもらえないという差別文化がありました。これは違憲として、今ようやく見直されていますけどね。だって、親が結婚していようがいまいが、子どもには関係ないですから。その点、フランスやスウェーデンなど、子育て政策が機能しているヨーロッパの国々は、非嫡出子が全体の半分くらいを占めます。そういう時代の中で、日本は「あの子は片親だから……」みたいな頭の固いことをいつまで言うてんねんと思います。

フランスではＰＡＣＳ（パックス）というパートナーシップ制度が導入されていて、これがかなり機能している印象です。結婚と同等の社会保障を受けられて、別れるときはどちらか一方の申し立てで契約が解消されるので、離婚ほど面倒くさくない。言わば結婚と同性婚の中間みたいな制度で、もともと同性カップルの権利拡大のためにつくられたんですが、使い勝手がいいんで異性カップルにもめちゃくちゃ浸透してて。ＰＡＣＳを経て結婚するっていう形もありですし、もしＰＡＣＳがなかったら、夫婦や子どもの数がもっと減っていたと思います。ちなみに、ＰＡＣＳカップルに子どもが産まれた場合は非嫡出子になりますが、そこに社会的な差別はなく、嫡出子同等の権利が得られます。

海外のそういう制度から学んで、明石市でも、独自のパートナーシップ・ファミリーシップ制度を導入しました。同性でも異性でも、市にパートナーとしての届けを出してくれれば、公の家族として応援しますよという制度です。これがあれば例えば、病状説明や入院手続きなど医療機関での家族対応が可能になりますし、保育施設の入所申し込みや市営住宅の入居手続きなども、家族としての手続きができるようになります。

そうなると逆に、結婚ならではのメリットって何があるんですか?

やっぱり損得の部分ですよね。配偶者控除などは結婚が大前提なので、明石市でも手当で何とか賄えないか検討していますけど、まだできていません。ただその他は、今お話ししたパートナーシップ制度を実生活で活用すれば、結婚ならではのメリットっていうのは、実はほぼないのかなと思います。あとは、イメージですね。「結婚している」「結婚していない」という世の中のイメージは大きいので、そこは気持ちの問題です。

そういうのは国側のシステムの問題だと思っていましたが、意外と地方自治体レベルで、実質的には実現可能なんですね。

そうですね。明石市の子どもを含むパートナーシップ・ファミリーシップ制度は全国初の試みですが、すでに30を超える自治体に広がりつつあります。国の法律がダメなら自治体レベルで実現するっていうのは、少子化という大きなテーマにも共通することだと思います。

なぜフランスでは育休が当たり前に浸透したのか

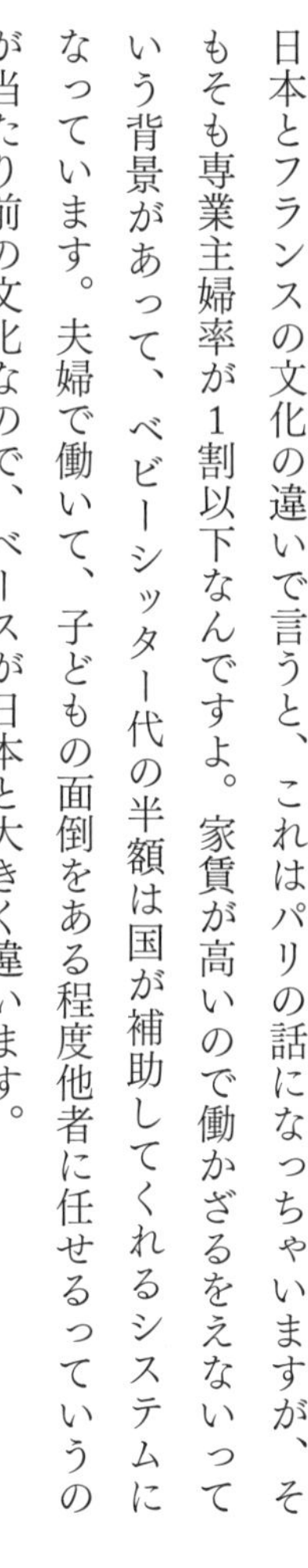

日本とフランスの文化の違いで言うと、これはパリの話になっちゃいますが、そもそも専業主婦率が１割以下なんですよ。家賃が高いので働かざるをえないっていう背景があって、ベビーシッター代の半額は国が補助してくれるシステムになっています。夫婦で働いて、子どもの面倒をある程度他者に任せるっていうのが当たり前の文化なので、ベースが日本と大きく違います。

まさに20年近く前、国会議員のときに、当時のフランスに感銘を受けて参考文献を読みあさって、今に至るわけですけど。フランスの少子化対策の成功には２つ

ポイントがあって。1つは、子ども政策への投資をいとわないこと。もう1つは、社会全体が子どもを育てるという意識でいること。

男性の子育て参加率が日本よりはるかに高いのも、特徴の1つだと思います。男女平等が進みすぎちゃったせいもあって、これは男がやる、これは女がやる、みたいな分業意識があまりないんです。当然、保育園のお迎えは男性もするし、そもそも男性の育児休暇が義務化されています。正確に言うと、男も女も、育休を必ず最低2週間は取らなくてはいけない。育休を2週間も取れば、男性も子育てせざるをえないじゃないですか。で、実際にやると、やり方がわかってくる。日本の場合、男性が子どもの世話のやり方がわからないからそのまま放っておくっていうパターンが少なくないらしいので、強制的に世話をする環境をつくるっていう制度はわりとうまくできていると思います。

そこはまったく同感です。前提として、実は日本は、制度としての育休は世界で最も充実しているんです。でも残念ながら、それを最も活用していないのも日本。

建前は一番立派だけど、全然機能していないのが実情です。明石市でも課題になったので、少し前から、赤ちゃんが産まれたら、職員は最低でも10日間の育休を取ることを事実上義務付けるようにしました。休んでいる間の収入は補填されて、減らないシステム。日本の一般企業だと、なんだかんだ、育休取っている間の収入って減るんですよね。そうなるとなかなか取りづらくなるので、最低でも10日間は全額保証するようにしたら、育休取得率１００％になりました。

フランスは全体的に、国民に「補償は国がしてくれる」っていう意識が明確にあります。コロナが明けそうになったとき、オーナーは「お店再開するぞ！」ってやる気満々なのに、従業員は「休んでいても補償が出るから働きたくない！」って感じで全然やる気なくて、お店をオープンできないっていう飲食店がたくさんあったくらいです(笑)。

それは例えば、犯罪の分野でも同じことが言えます。フランスで象徴的なのは、犯罪被害者の補償も国がやるんですよ。国民から武器を奪って、国が国民を守らなきゃいけないのに、守り切れなかった以上は被害者の補償を国がするっていう発想。被害者の生活保障をするんです、ちゃんと。

日本だと、身近な人が殺されてしまった被害者に対しても、国からは何の補償もありません。裁判に勝ったって、犯人は刑務所に入るばかりで金も払えないなら、泣き寝入りになってしまいますよね。

国家というものが国民に対してどう補償するか、あるいはどう責任を取るかが、日本とフランスではスタンスが大きく異なるんです。これに関しては、私は問題意識がすごく強くて、明石市で犯罪被害者支援として、損害賠償金を上限３００万円まで、市が立て替える条例を実施しているんです。これ、今は上限を１０００万円まで引き上げようと思っているんですけど、全国で唯一です。養育費の立て替えもそうですね。まさに、フランス直輸入でやらせてもらっています。

ジェンダー平等が最も進んでいるのは意外な国

フランスの政策にめちゃくちゃ詳しい泉さんですが、そういうのを勉強されてたのって、ご自身が国会議員時代の頃の話ですか？

国会議員時代もそうですし、今も勉強しています。実は、元国会議員なら国会図書館が使えるんですよ。国会図書館のすごいところは、優秀な調査員がたくさんいらっしゃるところ。

なるほど、調査員を使えるのは大きなメリットですね。

海外の情報をたくさん調べてもらってるんです。

そんな使い方ができるんだ（笑）。

最近調べたのは、ジェンダー平等問題です。今、明石市では、審議会などで男女とも4割以上にし、障害者を1割以上にすることを目標にしています。こういうのも世界を調べたら面白いですよ。今、最も国会議員の女性比率が高いのはどこの国かご存じですか？

どこだろう……。

ルワンダなんです。

それは、虐殺の影響でってことですか？

もともとルワンダは伝統的に家父長制社会だったんですけど、1994年の大虐殺後の国家再建の過程で、ジェンダー平等が飛躍的に進んだんですよ。もう憲法なんか最新鋭で、すごいんです。ジェンダー平等だわ、障害者にやさしいわ、びっ

くりするくらい美しい内容。役員に障害者がいなかったら会社つくられへん決まりになってますからね。だから明石市も、ルワンダ直輸入にしようと思ってて（笑）。

ジェンダー平等で言うと、フランスの県会議員選挙ってペア制度なんですよね。フィギュアスケートみたいに男女ペアで出馬するんです。だから、誰が通っても、男女比率が半々になるんですよ。

それは私も最初聞いたときに驚きました。意外なことに、フランスは、ヨーロッパの中では女性進出が遅かったらしいんですよ。それこそ、ノルウェーとかスウェーデンなんかは自然に進んだんですけど、フランスはなかなか議論が進まなくて、政党に男女同数の候補者擁立を義務付けるクオータ制を導入したんです。それでも、県議会の方があまり浸透しなくて、苦肉の策でペア制度っていうのを思いついた。すごいですよね、「そんなのあり？」って思いましたよ。そういうこと勉強しながら、明石でもやったろうかいなって目論（もくろ）んでいます（笑）。

義務教育は無料なのに給食費は有料という謎文化

じゃあ泉さんは、そうやって国会図書館を利用して、海外の政策を勉強されているわけですね。あくまで元議員なんで、裏技感がすごいですけど(笑)。

ありがたく使わせてもらっています(笑)。でも世界の情報って、ほんまに参考になりますわ。やっぱり同じ地球でつながっているから、他の国で成功した政策をパクれば大体はうまくいきます。例えば、明石市は中学校給食の無償化も早くて、政令指定都市、中核市で一番最初に実施しました。これは何を隠そう、韓国のソウルをヒントにしたんです。ソウルが給食を無償化してたんで、明石もそれに倣おうと。養育費の立て替えも、ソウルの政策を参考にしました。

僕、東京都北区出身で、給食費無料って当たり前だと思っていたんです。でも実はそうじゃないってことを知ってびっくりしたんですけど、どうして給食は無料

じゃないんですか？　義務教育はタダなのに給食費が必要なら、実質タダじゃないじゃないですか。

そこはやっぱり、昔ながらの愛情弁当からスタートしたからちゃいます？　お母ちゃんが愛情込めてハンバーグ焼いて、弁当に入れる、みたいな文化が長く続いていたから。明石市だって、私が市長になるまで、中学校にはそもそも給食すらなかったんですよ。この10年ちょっとで給食を導入して、しかも無償化まで持っていったんです。

なるほど、給食がないところからスタートしたんだ。でも地域によっては給食の内容もひどいじゃないですか。刑務所の飯みたいなのを出しているところもありますよね。

あれも予算なんですよ。予算を割かなければ、いい食材を使えない。わけのわからん団体を通して中抜きさせよるから、給食の質が落ちるんです。先ほどの医師

会の話もそうですが、どうにか儲けようとする利権的なものが、すべて、貼り付いちゃっているわけ。それをきれいに取り払うだけで、大体のコストは抑えられると思います。

ひどい話ですよね。貧しい家庭の子どもにとっては、給食って、1日の中で一番重要な栄養源だったりするし。

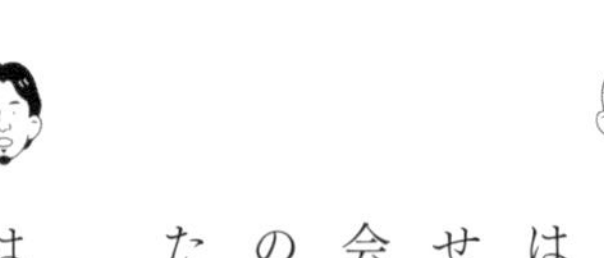

ホンマそうだと思います。そのあたりも含めて、繰り返しになりますが、子育てはフランスのように社会が取り組まないとダメなんです。日本は親に権限を持たせすぎているから、親子が依存し合うようになってしまう。そうではなくて、社会で子どもの面倒を見れば、子どもは親に反発して自立するようになるし、自分の意思で人生を歩もうとするんです。先ほど、明石市で大学生の学費を立て替えた話をしたじゃないですか。

はいはい。前期学費の100万円を払ってあげて、大学院生や専門学校生からからの要望が殺到したっていう。

あえてなんですが、学費を振り込む際に、その学生の親の同意をとらなかったんです。例えば18歳の子なんかで、親とケンカして自力で専門学校行っている子も多いわけですよ。親に同意を求めたりしたら、「だったら辞めろ」って言い出す親も出てくるから。だから、明石市は、子どもが求めれば金を出そうっていうスタンスにしたんです。市として子どもの意思を尊重した形です。

でもそれって、法律上は大丈夫だったんですか？　未成年の権利って親が代行しますよね。

そこはからくりがあって。まず、明石市が立て替えて大学に１００万円払いますやん。親が反対して、取り消しますやん。そうなると、今度は親が市に１００万円払わなあかんようになるんですよ。

そうか、もう100万円は払っちゃってるから。

親はそんなことしませんから。

泉さんは元弁護士だからか、そういう裏技多いですよね（笑）。法律の抜け穴を見つけるのがうまいというか。

第5章

明石市の政策を真似する自治体が増えている!?

日本はお金がなくて少子化対策できないという嘘

これまで明石市のさまざまな子育て政策と、それによる経済効果について教えていただきました。じゃあ実際のところ、この成功モデルを国や他の自治体でも活用できるのかっていうところを伺いたくて。

そんなもん、できます。簡単ですよ。でも皆さん、できないって思ってる。なんでか？　マスコミのせいです。

日本は少子化対策ができないという思い込みを、マスコミが植えつけてる？

そうです。他の国にできて日本にできないわけないじゃないですか。しかも日本は、消費税なり介護保険なり、国民が結構な負担を負っています。負担とサービスは対等であるはずなのに、なぜこんなに国民が貧しいねんって話です。つまり、

国民が負担しているお金がどこに流れているのかっていうこと。そのあたりをクリアにできれば、子育て政策、ひいては少子化対策も十分可能なんです。

現に明石市の成功を受けて、周辺のエリアも子育て政策に舵を切っていますもんね。東京23区も18歳までの医療費無料化を実現させる方針です。

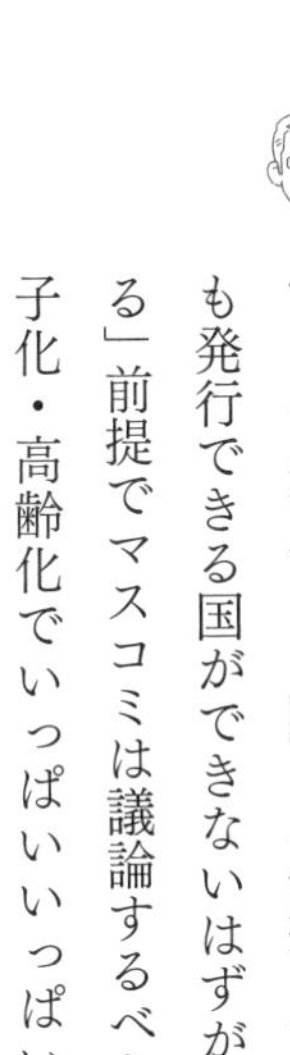

できるんですよ。国にお金持っていかれてる貧乏な地方でさえできるのに、国債も発行できる国ができないはずがないんです。だから当然、子育て政策は「できる」前提でマスコミは議論するべきなのに、官僚に騙(だま)されているのか、「日本は少子化・高齢化でいっぱいいっぱいです。お金がありません」みたいなトーンでしょ。なんで嘘つくんだろうって思います。

子ども予算を増やすのは難しいけど、防衛費ならすぐ増やせます、みたいな。

成功の要因は「明石市と神戸市の政策の差」

そうそう。ただ、明石市と同じ政策はどのエリアでもできるけど、同じような効果があるというわけではありません。それは正直、私の中でもそんなに甘くないだろうとは思う。

明石市だと、子育て政策で浮いたお金を市民がバンバン使いますっていうのは何となくイメージできるんですけど、東京はどうだろうって思うんです。東京って、結構お金持ちが多いじゃないですか。仮に東京で第2子、第3子を産むことになって、区から手当を受けても、単純に貯蓄が増えるだけで、経済循環にはつながらない気がするんですよね。そこはどう思います？

それは私も、正直わからないですね。今私が取り組んでいる政策は、人口30万人というベッドタウン、地の利も含めた明石市という街の特徴を加味してストー

リーを描いているにすぎませんから。おっしゃる通り、東京なんかは、別にどこに住もうが東京で。1つの自治体が何か施策を打ったところで、すぐに効果が現れるほど単純ではないと思います。明石の場合、実は、お隣の神戸市が子育て支援に舵を切らないことも大きいんですよ。

神戸は子育て層に冷たいんですか？

神戸市は港や空港もあり、いわゆる既存の開発型の街だから、子育て支援にはそこまで注力していないんですね。だから、隣同士の神戸市と明石市の差がはっきり出ているんです。そうした地理的な特色もある程度考えて政策を打っていますので、やはり地域差はあると思います。明石市はあくまでベッドタウンで、大都市に近い住まいのエリアとして機能します。明石市と同じような子育て政策を山奥でやっても意味がないし、そこはパッケージ的な政策が必要だと思いますね。

全国一律ではなく地の利に合った対策が重要

そういう意味で言うと、福岡市の人口も伸びているじゃないですか。空港が中心地からめちゃくちゃ近くて東京へも行きやすい。伸びているところは、やっぱり地の利が重要な気がしています。

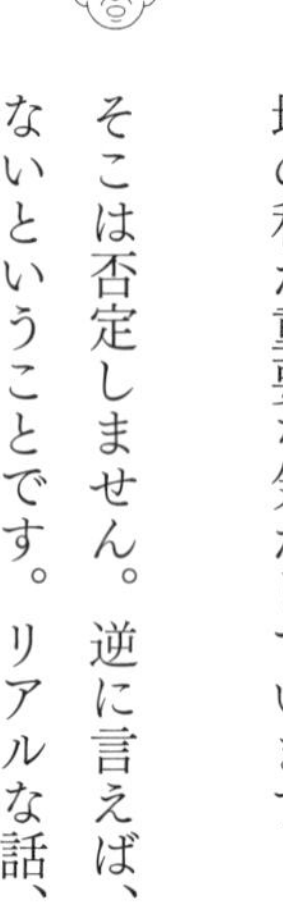

そこは否定しません。逆に言えば、みんなが同じようにハッピーという時代ではないということです。リアルな話、日本全国、まんべんなく潤うという時代は終わっている。だから地方の田舎の方は、リタイアした人がのんびり暮らすエリアにするとか、そういうコンセプトでニーズを追求していくべきで。当然、そこに過剰な子育て政策は必要ないわけです。そこはもう、全国一律という思想を切り離していくべきだと思います。

関東圏なら、働くのは東京だけど、住むエリアとしては千葉県の流山（ながれやま）市を選ぶ子

育て層が多いって聞きます。方向性は同じだと思うんですよ。みんな都会で働くけど、住む場所は少し離れて、自然があって子育てしやすいエリア。そういう場所には自然と若い人も集まって、街が活気づきます。全国でも大都市近くの地方自治体にはそういうモデルが適応しつつあると思うんですけど、東京近辺だと流山市くらいしか聞かないんですよね。

流山市は、いろいろな媒体で「西の明石、東の流山」って言っていただいているくらい明石市に似ているんですよ。あそこもやっぱり交通の利便性が高くて、自然豊かで、住宅価格もリーズナブル。加えて、子育て政策とか女性支援に力を入れていますから。

ベッドタウンとしての再現性はかなり高いですよね。

正直なところ、日本の人口は、ベッドタウンでかなり網羅するんですよ。全国に均等に人がいるわけじゃなくて、首都圏や関西圏、名古屋圏、福岡周辺の、それ

ぞれ中心地の周りにグルッと円を描いた程度のところに、人が密集しているんです。だから子育て政策に関しては、まずはそのあたりを重点的に注力するのが現実的だと思いますけどね。

確かに、明石市のように人口30万人くらいの規模の街なら税金で子どもの施設をつくるのも容易(たやす)いけど、人口3万人くらいの街だと少し苦しい。ならそこで無理して子育て政策を充実させるよりは、もっと他のアプローチを模索した方が効率的です。

ただ一方で、小さな街は国からの支援が多くて、国のお金でバンバン建物を建てているパターンもありますね。それもよくわからん話だと思いますけど。逆に政令指定都市になると、国からの支援が少ないので、ハード系に走るとしんどくなります。

神戸市や横浜市などの港町もそうですよね。

そうですね。港の整備にかなりお金がかかるから、子育て政策に予算割くのがしんどいのかもしれません。

港にお金突っ込むと、その分税収が増えて、より財政が潤うっていう話じゃなかったんですか？　儲からなかったら突っ込むお金もないでしょうし。

いやぁ、一部の人が喜ぶだけちゃいます？　あくまで私見ですけど(笑)。

そこはあんまり深掘りしない方がよさそうですね(笑)。

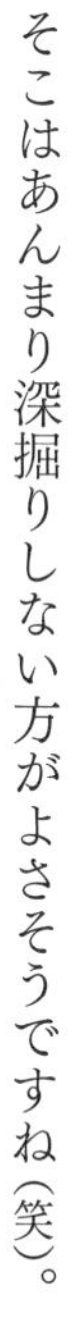

「明石市の子ども政策をどんどん真似してほしい」

明石市の政策を他の地域がどんどん真似していくことで、明石市の優位性がなくなることについての懸念ってあるんですか？　それとも、追いつかれないくらいの新しい政策を打っていく？

他の自治体と競い合っているつもりはないので、優位性はさほど意識していません。明石市だけがよくなるのではなく、エリア全体を底上げしていけるのが理想ですから。明石市自体も、極端に地価が安いところからスタートしているので、今のような人口増加や経済効果はいずれ収まってくると予想はしていますが、それはそれでいいかなと。ただ、今の明石市は、子育ての哲学がかなり浸透していることが最大の強みです。金銭面の支援だけじゃなく、地域全体で子どもや弱者をサポートして、それが街の発展につながっていくことを市民の皆さんに体感していただけているので、そういう意味では明石市の優位性はしばらく続くのではないでしょうか。

確かに、「5つの無料化」はすぐ実践できても、子育ての哲学とか細かい部分っていうのは模倣が難しいと思います。そうすると、他のエリアも含めて底上げしていくのが目的であれば、明石市の職員の方をアドバイザーとして派遣するっていう方法もあると思うんですが。

すでに児童相談所なんかには、視察で続々と人が来ています。しかも、行政のトップである市長も来られていますね。私も、どんどん明石市をパクってくださいというスタンスなので、そういう意味では、「子ども政策をやるなら明石を参考に」っていう感じにはなっていると思います。

視察をして外側を見たとしても、オペレーションをどう回しているかは、実際に働いてみないとわからない部分もあるじゃないですか。例えばオムツ定期便でも、宅配員じゃなくて子育て経験のある人が配達して、家にいる子どもの状況をどうチェックするかっていう細かいオペレーションだったり、その配達員の人をどういう基準で採用するかっていう部分もかなり重要だと思うんです。なので、本当に明石市の子育て政策に倣おうと思ったら、実際に明石市で何年も働いた人が指導するくらいでないと浸透しない気がします。

確かにそういう面もあるかもしれませんが、子育て政策に意欲的な自治体が明石市を基準に続々と動き出していること自体が、大きな一歩だという感覚もあります。大体、視察で市長さんレベルが来るパターンって、やっぱりやる気のある方が多いんですよ。それで必ず質問されるのが、オムツ定期便のことや養育費立替えのこと。そこの情報を得て、行政にしっかり反映することが重要っていうのをわかった方が視察に来るので。やっぱりそれなりの時間とお金をかけて視察しに来る人は気概が違うし、あと、私のこのキャラを知ってて会いに来るってことは、相当自信があるってことだから(笑)。

確かに、わざわざ時間とってもらって泉さんと会うのはちょっと覚悟がいりそうですよね(笑)。

まあ、でも正直な話、気概がなくても、表面上だけでもやったらええと私は思ってて。それも含めて、「5つの無料化」はとても実践しやすいんです。医療費、保

育料、給食費の無料化なんて、予算を動かすだけですやん。新たな制度もいらんし、人力もそこまで必要なく、世論はばっちり味方についてくれる。私、こういうのを発信したくてツイッター始めたっていうのもあって。発信して、兵庫県の13の市町が子ども政策に力を入れる中、東京23区、横浜市、川崎市と続いています。明石の政策がオンリーじゃなくて、スタンダードになっていっている途中ですね、今は。

他の地域に模倣される明石市は、子育て政策においてはほぼ完成形に近いじゃないですか。次のステージに行くという意味では、泉さんもそろそろ国の方に行くべきだっていう状況にはならないですか？ ちょうど市長もご退任されることですし。

ならないですよ（笑）。私が一国会議員になったところで、このキャラクターは持ちこたえられません。私なんかはアンチが多いですし……まあ、ひろゆきさんも多いけど（笑）。

子育て政策の結果が出るまでに5年を要した

子育て政策に関しては、結果が出るまでに時間がかかるのもネックだと思うんですよ。例えば、明石市で子育て政策を始めてから、実際に経済効果が実感できるまでの期間はどのくらいでした？

最初の5年はしんどかったですね。市議会はもちろん、市民からも批判の声が。初当選の4年後、2回目の選挙も逆風でした。

逆にその状況で、なんで2回目の選挙に当選したんですか（笑）。子育て政策に予算割きました、でも何も変わってません、じゃ、厳しくないですか？

それは……、市民がやさしいんちゃいます（笑）？　マスコミが取材に来て、駅前でインタビューなんかに答えていると、通りかかった年配の方が記者の方に、

「この子、口は悪いけどほんまはええ子やから許したって」って言って励ましてくださいますから(笑)。

まあリアルな体感としては、就任6年目くらいから、徐々に空気感に変化が訪れた気がします。それまでは反発があって、「皆さん、私を信じてもう少し待ってとってください」みたいな感じだったんですけど、6年目くらいから少しずつ景気がよくなって、後半は一気に応援トーンになった。

仮に結果が出るまでに5年かかるとしたら、国が子育て政策に予算をつけても、「全然結果が出てないじゃん」っていう世論に対抗できない気がするんですよね。自治体なら、明石市みたいな中核市は問題ないとしても、農村みたいなエリアはまず予算を割くのも厳しい状態で。公共事業の予算を削減したとしても、子育て系と公共事業系の対立が5年も続くのは、状況的に難しい気もしますし。

国の場合は、5年もかからずに一定程度の成果は数字で表れると思います。少なくとも子育て支援をやれば、一定層の「ありがとう」の声は確実に拾えて、時間

の経過とともにその声は広がりますから、選挙も乗り切れると私は思います。加えて、私が市長に就任した頃とは違って、今は明石市周辺が完全に政策転換されて、公約に必ず子育て政策を掲げているような状態です。逆に子どもも政策を訴求しないと選挙に通らなくなってきてますから、そのあたりの価値判断もだいぶ変わってきているんじゃないでしょうか。あと、農村みたいな過疎エリアに関しては、先ほどもお話しした通り、全国一律という発想を変えていくべきだと思います。結局日本は、全国同じ政策、同じサービスっていう発想が強いので、そこはリアリティを持って、ある程度はメリハリをつける必要があります。

地域のニーズによって政策を変えていくという発想ですね。例えばアメリカなんかは、州によって法律もサービスも全然違いますしね。税金がめちゃめちゃ安いユタ州とか、反対に高いカリフォルニア州、テキサスみたいに銃規制が緩い州とか、自分のライフスタイルに合わせて住むエリアを変えるというのが、日本にも求められてくるのかもしれません。

明石市を独立国家にすることを本気で考えていた

それで言うと、極端な話になっちゃいますけど、私、結構真面目に明石市を独立国家にしようと思ってたことがあるんですよ。

いきなり極論ですね（笑）。

20代半ばの頃ですけど、独立の要件を勉強したり、司法試験で国際公法を取ったりして、明石市を独立国家にするにはどうすればいいか、本気で考えていたんです。世界を見れば、ブータンみたいに人口78万人ほどで成立している国もありますし、今の日本という国家単位である必要はないんじゃないかと。そこは本質的には自由であるべきで、どうすれば、より生き物として生きやすいのかっていうところに、もっと余地があってもいいと思うタイプなんです。あんまり熱弁すると大丈夫かって心配されるんですけど（笑）。

アンドラ公国みたいな、フランスとスペインに挟まれた人口8万人弱の独立国も存在していますからね。意外とミニ国家はありかもしれません。

要は、明石市の行政に携わるにあたって、1つの国家をつくるくらいのイメージがあったんですよ。日本の国政を真似るんじゃなくて、国政がしないことを明石市でやって、国がそれを参考にして、日本を変えてもらおうと思っていたので。今では、養育費の立て替えをはじめとするさまざまな条例が明石発になっているので、少しずつ実現していると言えるかもしれませんけど。まあ、現実的に考えて、独立国家は無理ですね。明石市の特徴って、みんなタコが好きっていうくらいしかないから（笑）。

まあ、アンドラ公国も何となく成立しているだけで、目立った産業とかはありませんよ（笑）。

結局、地方自治体レベルで言えば、泉さんが実践してきた政策でうまく回ると思うんです。でも、日本全体で適用するのは、地域特性も違うので、例えば本当に産業がないエリアだと、泉さんモデルはおそらく通用しないですよね。なので最終的には、国としての対応を何とかしないと、やはり少子化対策は難しいんじゃないかと。

そこは私の感覚も近いです。明石市モデルを全部に適用できるわけじゃないけど、都市部を中心とする人口の半分くらいはいけるのではないかと思っています。そうなったときに問われるのが、やはり国の対応ではないでしょうか。

第 6 章

「国でも同じような対策ができる」と訴える理由

少子化を問題視しながら見て見ぬふりをする日本

少し俯瞰して、日本という国の少子化対策について考えてみます。本質的な話になりますが、そもそも日本全体の少子化について、泉さんはどうお考えですか。

端的に言うと、今の日本が取り組んでいるのは、少子化を加速させる政策だと思っています。明石市は子育て政策で全国から注目を浴びましたが、国が本気になれば、もっと大胆な政策ができるはずなんですよ。でもやらないどころか、力を入れるのはポイントがずれた政策ばかりで、国民の給料が一向に上がらないのも見て見ぬふりしてる。少子化を叫びながらも、国は「こんな時代によう子どもつくるなぁ」と言っているようなものなんですよ。子どもを産みたいと思っている方たちの気持ちを萎えさせるような政策ばかりやるから、矛盾しているなと感じます。

そもそも、少子化の何がまずいのかっていう議論があるじゃないですか。例えば、限界集落みたいなエリアの橋の補修に若い人たちが働いて稼いだ税金を使って、若い人たちが自分たちのためにお金を使えないという問題があります。極端な話、橋を使えなくなっても、高齢者の先行きはもう短いから別に放っておけばいいよねっていう話であれば、少子化は実はさほど問題にならないと思うんです。だから中国って、高齢者がどんどん増えているんだけど、実は少子化があまり問題視されていないんですよ。まず年金システムがないし、貧乏な高齢者は死んで金持ちの高齢者だけ生き残るっていうことに何の躊躇もないので。

そういう意味では、少子化が問題になるタイプの国とならないタイプの国がありますね。

日本は前者で、高齢者の支援を若い人からお金を取って何とかしようとするから、国全体が萎（しぼ）んでいきます。対して後者タイプのアメリカや中国は、極端な言い方になっちゃいますけど、生き残るヤツは生き残るし、死んでいくヤツは放ってお

くっていう思想が強いので、少子化があまり深刻な問題にならない。

結局、アメリカや中国は日本とまったく違う社会構造なので。アメリカはまさに自己責任の国ですし、子どもにかけている予算は日本よりも断然低いです。中国はそもそも社会保障をやってないので、制度が適していない。一方で日本は、お年寄りを担ぐ国です。よく言われるたとえですけど、今まで若い人3人でお年寄り1人を担いでいたのが、今は1人でおじいちゃんとおばあちゃんの2人を担げるかどうかっていう議論なので。担ぐのをやめればテーマは変わってくるんだけど、日本は担ぐ道を選択している状況。お年寄りを支えるっていう思想が根強くて、担ぐ側と担がれる側のバランスが崩れるとマズいよねっていうのが焦点です。

世界には、少子化でも成立している国はたくさんあるんですよね。じゃあ日本の場合、少子化の何がマズいって、担ぐ側の若者の負担が重くなりすぎて、優秀な若者がどんどん出ていっちゃうってことなんです。それによって経済も停滞して、国力低下が加速していく。

日本ほど経済が停滞している国も珍しいですが、そこはもちろん少子化も関係しています。結局そういう意味では、私にとっての少子化対策は3つあって。1つは、産みたいのに産めない状況をつくるのは不健全だから、その環境を整えること。2つ目は、支え支えられを維持するために、ちゃんと世代間バランスをとること。3つ目は、結局のところ、少子化対策は経済対策であるということ。言葉を変えてずっと言い続けていますけど、お金がないときこそ子ども政策にお金を使うべきで。そこでケチったら、余計に首を絞めるだけですよ。

でも結局、今の日本の状況をつくり出したのは政治家で、それを選んでいるのは国民です。泉さんが冒頭で奨学金制度を「学生をカモにしてる」っておっしゃっていましたけど、実際に、頭のいい若手を潰すような制度なんですよね。そういうことをやりつつ、少子化対策にも積極的ではない。もう国のやる気のなさは明らかなんで、個人的には、日本以外への移住を考えるのもありなんじゃないかと思ってます。とは言っても、治安はいいしご飯は美味しいし、日本っていい国な

んですよ。だから、本当にやばくなったときのために、海外移住っていう選択肢も頭の中に入れておいて損はないって感じですかね。

自分なんかはジモティーなんで地元にいたいタイプですけど、最近やっぱり、優秀な人ほど早い段階で海外に出る風潮があって、日本にとっては大きな損失だなとは思いますね。同じような層、似たような考え方の人ばかりになって、新しい問題に対処できないような層が政治家や官僚になると、やっぱり国としては弱くなっていきますから。

長い目で見ると、社会とか個人の考え方や思想ってあまり大きく変わらないじゃないですか。変革が起きるときって、大体、古い考えの人が死んでいって、新陳代謝が進んだときなんです。例えば同性婚も、昔のキリスト教ならありえない話なんですが、そういう考えの人が高齢になって亡くなっていくことにより、「まあいいんじゃない？」って社会の仕組みに変化が起きた。日本は高齢者の割合が多いし、しかも寿命が長いので、いっそう変革が起きづらい国家だと思うんですよね。やっぱり新しい考え方の人が多数派を取れない国は、どんどん遅れていきます。

もしも泉さんが少子化対策担当の大臣になったら

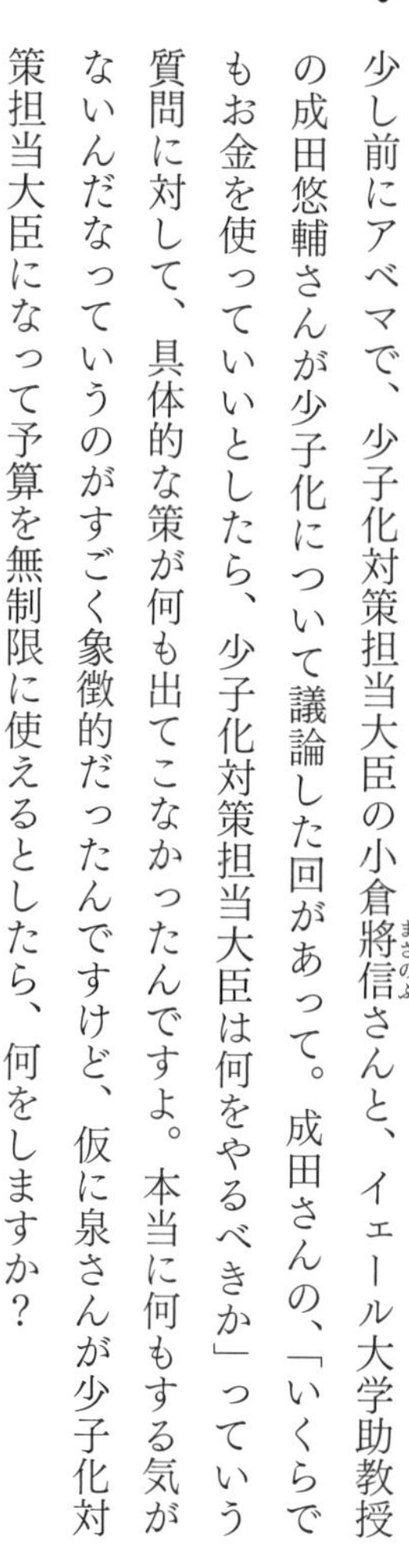

少し前にアベマで、少子化対策担当大臣の小倉将信さんと、イェール大学助教授の成田悠輔さんが少子化について議論した回があって。成田さんの、「いくらでもお金を使っていいとしたら、少子化対策担当大臣は何をやるべきか」っていう質問に対して、具体的な策が何も出てこなかったんですよ。本当に何もする気がないんだなっていうのがすごく象徴的だったんですけど、仮に泉さんが少子化対策担当大臣になって予算を無制限に使えるとしたら、何をしますか？

まず、明石市でやっている「5つの無料化」は当然しますね。今明石市で実施している「5つの無料化」はやや中途半端だから、例えば保育料は第1子から無料、

小学校の給食も無料など、明石市以上に手厚い内容にします。あとはもちろん、大学の奨学金制度なんかなくします。北欧ではすでにやっていることですから、大した予算は必要ありません。奨学金なんかなくしてみんな無料で行かせたらいいと思いますよ、大学も。

北欧やオーストリアなんかは、大学の学費も無料ですもんね。

やっぱり2人目、3人目を産むかどうかって考えたときに、一番リアルに響くのが大学の学費なんです。今の子沢山のご家庭って、変な話、びっくりするくらいの金持ちか、あまり考えてないかのどちらかなんですよ。普通に共働きしている中間層は、「2人目どうする?」って夫婦で夜な夜な話し合って、結局諦めているような状況で。そこの大きなネックが、大学の学費なんです。2人目を好きな大学に入れて、ちゃんと卒業させてやることができるかっていう問題と真剣に向き合って、結局無理だっていう結論に至るのが日本のリアルで。国政が愚かなのは、そういう層に対しても、やれ給付型奨学金だとか、所得制限かけたりとか、中途

半端な現金を配ったりしてる。そんなの響くわけなくて、大学まで国が面倒見ますとか、それくらいのインパクトがないと「産もう」ってならないと思います。

政策にインパクトが必要なのは、本当におっしゃる通りだと思います。ちなみに少子化対策担当大臣の小倉さんは、予算が無制限にあったら「子ども保険を検討します」とのことだったんですが。

なんでやねんと。びっくりしました。思わずツイッターに、「大臣代わったら？」って書いちゃいましたからね。後で大臣と直接お会いする機会があって、「お手柔らかに」って言われて握手しましたけど（笑）。

うーん、何かその、泉さんに「お手柔らかに」ってなっちゃうのが何か、日本的というか（笑）。小倉さんは多分、泉さんみたいなリアリティがないんだと思います。知恵はあるしお金もあるけど、「これはやるべきじゃない」っていうのを勝手に決めちゃっているんじゃないかと。でも今なら、明石市とか流山市とか、成功モデルはいくつもあるわけじゃないですか。そこから、「じゃあこれを試してみよう」っていう感じで、数十億レベルの予算で、実験的に何かにトライしてみてもいいんじゃないかと思うんです。小倉さんや周りの政治家は、「大きく動かないことが正しい」って思っていそうで。

長年の思い込みはもちろんあると思いますし、あとは先ほども少し触れましたけど、マスコミが罪深いと思います。日本はもう金がない、少子化対策は無理、みたいなトーンで、不可能前提の記事ばかり発信している。その、マスコミ全体を覆うえも言われぬ諦め感があって、それが国民に伝染し、政治家の発想の転換を邪魔しているんじゃないですかね。

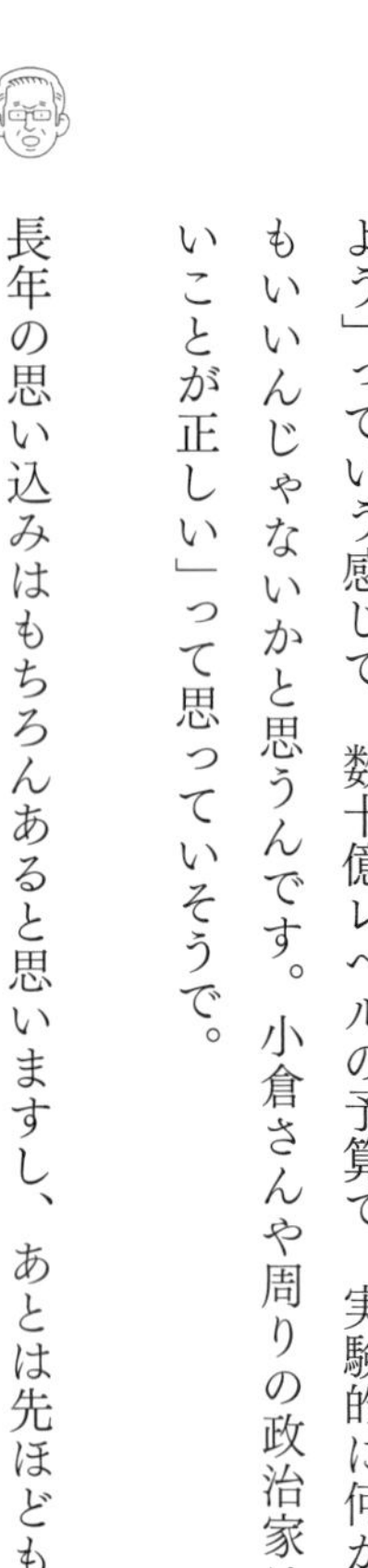

出生率が2を超えないと人口増は難しいっていうのをマスコミが言いたくなるのはわかるんですけど、一方で、今の出生率を少しでも上げる程度のことであれば、さほど難しい話じゃないですよね。こういう政策をしました、その政策によってちょっとだけ出生率が上がりました、よかったねっていうのを目標に、別にメディ

アを恐れず、政府はどんどんトライすればいいと思うんですけど。

同感です。明石市も出生率2を目標にしたことは一度もないし、私自身、冒頭でもお伝えした通り人口増論者ではないので。ちなみにコロナ前の明石市の出生率が1・7。国が行った「子どもは何人欲しいですか？」というアンケートの答えの平均が1・8人。その希望出生率を目指していますが、あとは緩やかな人口減に持ちこたえていくっていうイメージでいます。

賃金が安い国・日本に外国人労働者はもう来ない？

視点を変えて、生産年齢人口を増やすために、外国人労働者を増やすアイデアはどう思います？

移民政策や外国人の労働者雇用に関しては国家政策なので、そのテーマは正直あ

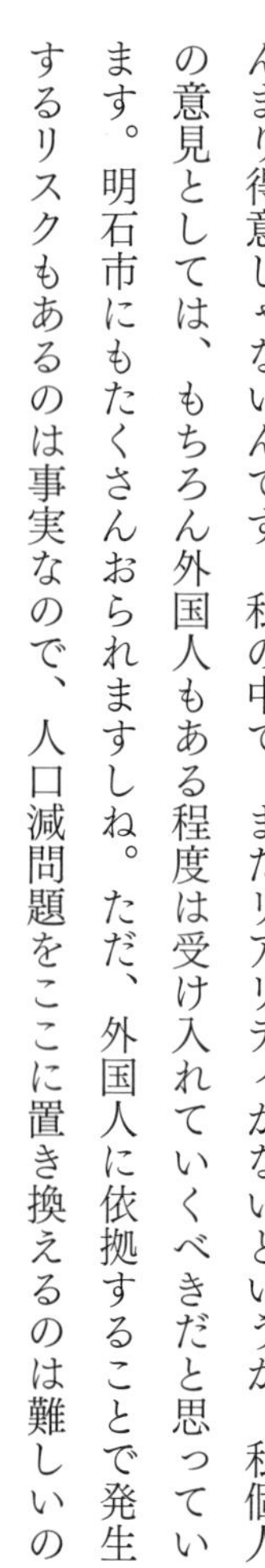

んまり得意じゃないんです。私の中で、まだリアリティがないというか。私個人の意見としては、もちろん外国人もある程度は受け入れていくべきだと思っています。明石市にもたくさんおられますしね。ただ、外国人に依拠することで発生するリスクもあるのは事実なので、人口減問題をここに置き換えるのは難しいのではないでしょうか。

地域によっては、外国人の二世の子どもが増える一方で、言葉の壁があるので彼らの学力が追いつかなくて、ドロップアウトしてしまうっていう問題も顕在化しているじゃないですか。明石市はどうですか？

そこまで深刻にはなっていませんが、同じような問題はあります。明石市では予算を組んで、学力が追いつかない子どものために、その国の言語に対応した職員をサポートにつける取り組みを始めました。まだ数が少ないので個別でやっている程度ですけどね。ただ全国で見ると、問題が深刻化しているエリアもあって。例えば、愛知県豊田市や静岡県浜松市なんかは自動車工場が多いので、外国人労働者の方がたくさんおられます。そうしたエリアでは、子ども問題が街全体の問題になっているとか。

そういうエリアで、その問題を解決したっていう話をまだ聞いたことがなくて。やっぱり、日本の文化と外国人は馴染まないところがあるのではと個人的には思います。

あとは、今や皮肉なことに、日本自体が安い労働力ですからね。かつての日本が、物価が安い東南アジアでお金を落としていたことの逆転現象が起きていて、インバウンドはまさにその一例ですよね。日本はすでに貧乏国になっていて、物価が安いから外国から旅行者が訪れるわけです。

おっしゃる通りです。物価も安いし、労働者の賃金も安い。

日本人自身がもはや安い労働力ですので、外国人に置き換える必要がないんですよね。外国人労働者を安い賃金で雇うっていう時代はとっくの昔に終わっています。フランスも物価高いでしょ？　サンドイッチとか1000円くらいするんじゃない？

昼飯を1000円以内に抑えるのはキツいですね。日本だと、屋根があって空調が効いているお店で、200円とかで蕎麦（そば）が食えたりするじゃないですか。東南アジアでも、そんな店はもうほとんどないですよ。

海外の昼飯代と比較してみても、もう日本は立派な貧乏国で、それを自覚すべきなんです。そこを底上げするためには、トータルで見ていく必要があって。結局、消費者は労働者なので、賃金が安ければお金が回らないんです。ただ、こんなことを言うと身も蓋もないんだけど、日本は政治構造が特殊で、政治家が利益を得やすい仕組みになってしまっているんですよね。コロナ対策にしても、結局、口利きできたりマージンを中抜きできる業者を使いたがるし。

さまざまな思惑の上に成り立つ「国と地方の関係性」

そのあたりは、総理大臣の権限が強化されたことで何とかなったりしないんですかね。

そうなんです。今は、総理大臣の権限で政治の大転換を図れるようになったので、例えば、総理大臣の一存でこども家庭庁の予算を倍にすることだって可能なわけです。仮に私が総理大臣になったら、まず予算配分の省庁の壁をとっぱらいますね。で、いくつかの省庁に対して予算を2割程度減らして、その分を子ども家庭庁に回します。今の予算編成ですでに無駄がたくさんあるのは確実なので、2割程度減らしたところでやりくりはできるでしょうし、これができたら子ども保険も国債の発行も不要です。まあ、なった瞬間に失脚するでしょうけど（笑）。

それも理論上は可能なんでしょうけど、現実的に、国は動かない。日本全体でや

るべき子育て政策は、国がやらずに地方自治体がやるっていう構造になり続けているじゃないですか。なので結果として、日本政府は少子化が進む日本を救うことができず、志のある地方自治体の人の尽力のおかげで何とかなりました、っていうのがストーリーとしては成立しやすいのかなって気がしています。

それも1つのストーリーだと思います。ただ、そのストーリーを本格的に描くなら、地方財源を国が地方から巻き上げる行為をやめていただきたいですね。市民の税金を全部明石市で使えるなら話は違いますけど、今の制度だと、地方税を一度国が全部持っていって、後で調整して戻してる状況だから。親が勝手に子どもの貯金箱かち割って、中身を持っていっているのと同じです。これはホンマに大きなテーマで、国と地方の配分割合を本来の姿に戻すだけで、一気に変わると思います。

逆に、なんで地方は国にそれをされて黙っているんですか？

巻き上げているお金が利権の温床で、政治家の権力の源泉だから。要は国が金を握っていて、ケンカするとお小遣いをもらえない構造にあるから、市長や知事さんは逆らえないわけです。私なんかは変わり者だから、「予算を減らせるもんなら減らしてみ！」という態度で常にケンカ腰ですけど、逆によう減らされません。いずれにせよ、国と地方の関係性は、そうした構造の上に成り立っています。

例えば、全国知事会とか地方自治体の市長さんたちが集まって、「いっせいに国を訴えようぜ」みたいなことになったら、さすがに国も折れたりしないんですか？

折れるでしょうね。でもそこは国も長けたもので、そうならんように対策をちゃんととっています。常に、知事や市長が国の言うことを聞くように、目を光らせているわけです。勝つためには、「国には一切従いません」と知事と市長がいっせいにストライキを起こすくらいじゃないと無理でしょうね。そしてそうならんよう、国が常に先手を打っている感じです。

そういう構造があるのは外から見てても何となくわかるんで、余計に泉さんみたいな存在が異質に映るんですよね（笑）。大半の人は、もろもろうまいこと要領よくやるじゃないですか。

私は性格上の問題がありますから（笑）。でも、要領よくやる人に対しての理解はあるし、悪気がないのもわかります。やっぱり、人間みんなきれいごとだけでは生きていかれへんからね。自分の将来のことを考えて、国とケンカせずに大人の対応しようとか、その後の自分の活躍が、ひいては世のため人のためになるんだ、とか。それは理解できるんですけど、私からすると現実主義的すぎるというか。もうちょっと頑張ってもいいのにって思うことはありますね。

税金を管轄する財務省と保険を管轄する厚生労働省

国の子育て政策で言うと、ここ何年か、こども保険が議論になっています。厚生年金や国民年金に上乗せされる形で国民から「保険」という体（てい）でお金を徴収し、それを子育て政策に充てるという施策です。主に現役世代や企業だけが負担する形なので、「単なる増税じゃねぇか」っていう批判もあったりしますが、泉さんはどう思われますか？

反対ですね。ただ、気持ちはわからなくもないです。まず、国が国民からお金を集めようと思ったとき、税金で集めるか、保険で集めるかの2種類しかないんです。世界を見ると、イギリスやスウェーデンは税金中心、ドイツやフランスは保険中心で、日本は税金と保険のミックスでお金を集めています。ここでポイントは、税金の所轄は財務省で、保険は厚生労働省という点です。

なるほど、確かに管轄が違いますね。

財務省も厚生労働省も当然、自分たちのところにより多くのお金を集めたい。だ

から税金も保険料もどんどん上がるし、財務省と厚生労働省は仲が悪くてしょっちゅうドンパチやってます。で、今話題のこども保険は、保険なので厚生労働省の管轄です。財務省が今さら子育て政策に予算を割くとは思えない。すると必然的に厚生労働省がやるしかないんですが、いかんせん、保険制度以外に立てつけの方法がないわけですよ。財務省なら、税金を増やしたり、国債を発行したり、予算を動かしたりとさまざまなアプローチができるんですけど、厚生労働省は「保険」というカードしかないので、こども保険になったわけなんです。そういう意味で苦肉の策と言うか、気持ちはわからないでもない、という感じです。

こども保険に対する反対意見としては、主に社会保険料への上乗せになってくるので、企業や働く層が負担しなければいけない一方で、高齢者が対象外なのはおかしいということ。あと、一般的に保険って、自分を含む誰もが負っているリスクに対する備えだと思うんですけど、子どもについては、持たない人や、すでに子育てが終わっている人もいるので、保険料を負担する納得感が得づらいという点があります。

だから私も導入には反対ですし、「こども保険は国民の反対が強く導入できなかったので、予算の拡充も困難です」っていうストーリーを官僚が描いているのは明らかなんですよ。何度も言いますが、予算拡充は可能です。成田さんもおっしゃっていましたけど、私の考えも彼と同様で、子育て政策は国家的なテーマだからこそ、いったん国債を刷って凌げばいいと思うんですよ。子育て政策への出費は未来への投資そのものですし、中間層にお金を使って子どもを増やしてもらって、その子どもらに生涯収入2～3億円稼いでもらったら、その半分近くは税収などとして回収できるわけですから。そういう意味では、1人の子どもに1000万円手当をつけても十分ペイできるわけで。

はい、僕も「子ども1人産んだら1000万円支給」を常々訴えてきました（笑）。泉さんがおっしゃる通り、国が国債でも何でも刷って本気で取り組めば、こども保険は必要ないっていうのは間違いないと思います。ただ、国が本気で取り組まないことは、ここ何十年で証明されたじゃないですか。財務省が動かないから厚

生労働省で始めたわけで、そういう意味ではこども保険も、やらないよりマシだという考えもあります。

そこは、うーん。私も長いこと政治に関わっていますが、案外、動くときは動くと思うんですよ。歴史を振り返れば、１９９３年の細川護熙（もりひろ）政権誕生では自民党による「55年体制」が終わり、２００９年の鳩山由紀夫政権も、その2年くらい前までは自民党快勝で、誰も民主党政権になると思わなかった。政治のダイナミズムというのは、変わるときは一気に変わるんです。そういう意味では、今、子育て政策の流れが一気に来ていて、まさに過渡期だと思います。選挙で子ども政策を訴えた方が得っていう価値判断になってきているので、私のところには、連日のように選挙の応援依頼が来ますよ。だからまだ私としては、国が動くことを諦めていないですね。

子育て政策の波が来ているとして、いざ、国が変わるのってどのくらいのスパンで起こると思います？ 10年とか？

私の中で、東京23区が18歳までの医療費無料化に舵を切ったことがかなり大きくて。東京のど真ん中がそうなれば、周囲のエリアも持ちこたえられないと思います。横浜市も15歳までの医療費無料化を実施する方針で、そうなると、お隣の川崎市も変わらざるをえなくなる。千葉県も埼玉県も、とにかく関東圏がオセロのように、子育て政策にひっくり返ると思いますよ。兵庫県の場合、明石市が子育て政策に取り組み始めてから、2年で周辺の13の地域が同じように子育て政策に注力するようになりましたから。首都圏でも同じことが起きると予想されますので、おそらく3年ほどで、何かしらの状況は変わると予想しています。

なぜ今、少子化対策への機運が高まっているのか

この本のテーマが子どもなので、２０２３年度に創設予定の「こども家庭庁」についても少しお話ししたいと思います。こども家庭庁とは、子どもに関する政策

を、１つの庁で取りまとめる司令塔機能としての役割を果たすことを想定しています。子どもに関する部署って、とにかくたくさんあるんですよ。厚生労働省や文部科学省、内閣府、地方自治体など複数が存在していて、縦割り行政的な側面が非常に強かった。それを一括で取りまとめて面倒見るのがこども家庭庁で、今、若手議員を中心に勉強会を立ち上げて議論しているところです。

これ、２０２１年の菅前首相の時代に閣議決定されたやつですよね。そもそも、なんでこのタイミングだったんですか？

実は私が国会議員時代の２０００年代から議論はあったんです。ただそのときは機運が高まっておらず、実現には至りませんでしたが、20年近く温めていたテーマではありました。大きな流れが生まれたのが、２０２１年２月。自民党の若手議員が勉強会を立ち上げて、その第１回に私が招かれ、創設に向けて再び動き出したという感じです。

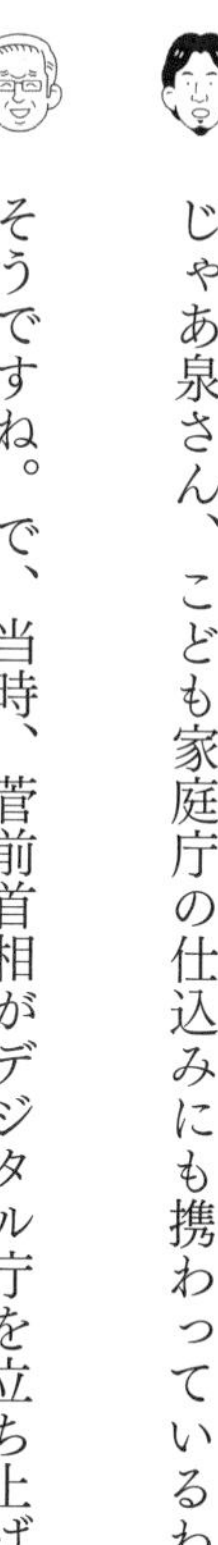

じゃあ泉さん、こども家庭庁の仕込みにも携わっているわけですね。

そうですね。で、当時、菅前首相がデジタル庁を立ち上げたんだけど、これがやたらウケが悪くて。「今、菅さんにこども家庭庁を持ち込んだら食いついてくれるんちゃうか」ということで、持っていったら食いついてくれた感じですね（笑）。

政治家の人たちの間では、こども家庭庁の評判はどうなんですか？

これもちょっと辛口トークになっちゃいますけど……。正直なところ、子ども政策に積極的に取り組もうとする政治家は少ないです。なぜなら、利権が絡まないから。公共事業とかコロナ対策はぎょうさん利権が回るから、議員がアリのように集まってくるけど、子どもの医療費無料にしても何の中抜きもできないでしょ（笑）。

まあ、子育て対策に国が動かない理由って、結局そこなんですよね（笑）。

ただ、大きな流れとしては少しずつ変わってきていて。これからの時代は子どもを応援しなくちゃっていう総論部分は、国会議員の中でも支持する層が一定数増えているのは間違いないです。参議院選挙の公約に子ども予算の拡充を掲げざるをえなくなって、全政党が揃って「倍増」と言い出しましたよね。総理までが、「将来的」という限定付きながらも「倍増」と言ったのは、私的にはかなり画期的で。このわずか1年で、数割増しではなく倍増ですよ。子育て政策を数十年前から言い続けている立場としては、今まさに、流れが来ている感覚があります。具体化するのはまだまだ時間がかかると思いますけどね。

その流れの大きなきっかけが、明石市の子育て対策の成功だったわけじゃないですか。しかも、こども家庭庁の発足にも泉さんが絡んでいるわけで。なんかお話聞いていると、日本の子育て対策、ひいては少子化対策に、泉さんという存在がめちゃくちゃでかい影響力を及ぼしてる気がするんですが。

そこは、時代的なものもあるんですよ。テーマは子どもの虐待です。昔の日本は、極端な言い方ですが、子どもは親の持ち物で、煮るなり焼くなり好きにせいっていう意識がありました。大きな変化が起きたのは2000年です。この年、介護保険制度が導入され、介護が社会化されました。お年寄りを家族が面倒を見る時代から、社会で面倒を見る時代にシフトされたわけです。同じ年に、児童虐待防止法が施行され、子どもも社会で救うべきだっていう意識が芽生えた。ようやく日本でも、親が子どもを殺してはいけないっていう時代になったんです。

確かに、「児童虐待」っていうテーマが顕在化されて、ニュースで虐待が取り上げられるようになったのって、その頃からかもしれません。昔は、子どもが虐待されてても、いちいちニュースで取り上げられることはありませんでした。そこで世論が子どもに向いたわけですね。

もう1つ大きなきっかけとなったのが、子どもの貧困です。2000年代中期あたりから、子どもの貧困率が注目されるようになって、2014年に子どもの貧

困対策法案が施行された。それに伴い、子ども食堂がブームになったことが大きかった。子ども食堂を通じて、世の中に貧困で困っている子どもがたくさんいて、彼らを地域で救わなきゃいけないっていう認識が広がっていったんです。

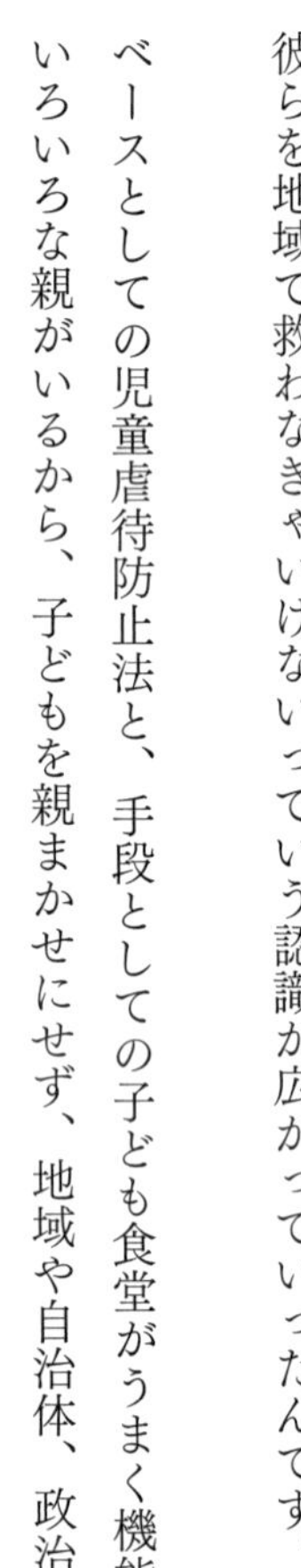

ベースとしての児童虐待防止法と、手段としての子ども食堂がうまく機能した。いろいろな親がいるから、子どもを親まかせにせず、地域や自治体、政治が介入すべきだっていう意識がようやく芽生えたと。

あとは幸いにも、世界基準で日本がいかに子育てに予算を費やしてないかっていうのをマスコミが大々的に書いてくれた。ヨーロッパと比べると半分しか予算を子どもに充てていないっていうのは、非常にわかりやすかったですよね。それがあったうえで、一定の子ども施策に予算を費やすべきだっていう流れができたわけです。これら２０００年からの一連のストーリーは、世論の共感を得られやすかったのではないかとは思います。

でも、少子化対策自体は40年前とかから言われていたわけじゃないですか。結局、子どもが虐待されてます、飯も食えてませんっていうリアルに光が当たったことで、ようやく国が動き出すっていう構図ですよね。かなりひどくないですか？　日本の政治って。

それは私自身、20歳の頃から、子どもに冷たい社会に未来はないと言い続けてきた立場ですから、「まだ国は動かんのか」っていう憤りはホンマに長年ありました。それでも、やっと「将来的には倍増」まで来たわけで。戻らん時間はしょうがないから、今、なるべく早く舵を切って、他の国並みのことはしてほしいという思いです。

地方が率先して動けばいつか国もついてくる

ネガティブなことばかり言っててもしょうがないのでポジティブに考えると、今

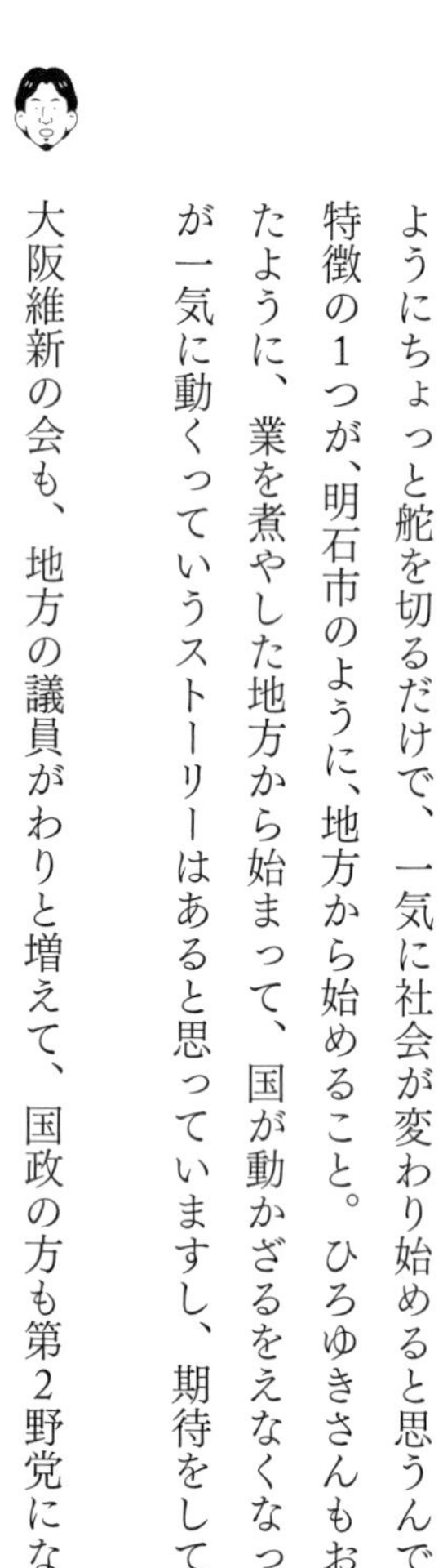

から子育て政策に舵を切れば、現状よりひどくはならないですよね。今まで何もしないどころか、マイナスのことばっかりやってきたんだから、他の国に近づくようにちょっと舵を切るだけで、一気に社会が変わり始めると思うんです。その特徴の1つが、明石市のように、地方から始めること。ひろゆきさんもおっしゃったように、業を煮やした地方から始まって、国が動かざるをえなくなって、全体が一気に動くっていうストーリーはあると思っていますし、期待をしています。

大阪維新の会も、地方の議員がわりと増えて、国政の方も第2野党になってきているっていう流れがあって。日本はやっぱり、地方の人が頑張って中央を変える文化なのかなと思います。

そうでしょうね。遠い昔なら東京都の美濃部亮吉（みのべりょうきち）都政でもそうですし、横浜の飛鳥田一雄（あすかたいちお）元市長もそうです。国がトロいので、より国民に近い地方が先に動いて、国が遅まきながら参加するっていう歴史が続いているので。今回の子育て政策も、それに当てはまるのかもしれません。

例えば福岡市なんかは、若い人を中心に人口が増えているし、景気もどんどんよくなってきています。日本全体は無理だとしても、ポイントとして見れば、地域ごとに盛り上がっている。結果として没落する地域もあるんだけど、日本全体としては上向きだよねっていう道しか、多分ない気がするんですよね。

福岡市に関しては、市長の存在が大きいでしょうね。地の利ももちろんありますが、やっぱり話が上手ですし、議会対応とか政策対応もよく見てはるし。福岡市の魅力を最大限に活かしつつ、その限界もよくわかっておられる。そういう意味で、心あるクレバーな市長が時代に即した政策を敷けば、まだまだ地方に可能性はあると。

そういうクレバーな市長と話したときに、共通する愚痴ってあったりしますか？

結局、国の制度に関することは、皆さん不満はいろいろあります。やっぱり国や県、市が昔ながらの構造で、上の力がいまだにものすごく強いので。同じ予算を使うなら地方に任せてもらった方がうまくいくケースでも、お上のメンツとか昔ながらの慣例や思い込みが残っていて、スムーズにいかないことも多い。その仕組みがすべて間違っているとまでは言いませんが、もったいないなぁと感じることはしばしばあります。変革していった方がお互いハッピーなのに、歯がゆい思いでいる市長さんは多いです。

結局、国民の暮らしに深く関わるのは、国でも都道府県でもなく、基礎自治体です。すると、県みたいなふわっとした枠って、実はもう権限をどんどん縮小しちゃった方がよくないですか？

そこはもう、私はクリアな都道府県不要論者ですから。47都道府県、全部いらないと私は思っている。国があって、県を挟んで市があるから、都道府県は中間管理職みたいなもんで。国からすれば県があるからダイレクトに現場のことがわからないし、市からすれば、国とコミュニケーションをとりたくても、都道府県を挟まないと怒られる。極めて歯がゆい状況なんです。私なんかは、初めから都道府県を飛ばして霞が関に乗り込んでいきますけど、本当は反則ですから。

実際、都道府県の役割ってどんなものなんですか？

明治時代、近代化には都道府県は必要だったけど、今はデータでドンの時代なので、中間管理職が情報を下ろす必要は全然なくて。都道府県がなくなれば、一気にコストが削減でき、業務効率がアップします。教育や福祉などの国民の生活に関わることは市町村がやったらいいし、防衛や貿易、外交は国でしょ。都道府県は、市町村を束ねているにすぎません。私、市長になったときからこれを言ってるから、全国の知事さんに嫌われまくっていますけどね（笑）。

まあさすがに、警察とか水道局みたいな大規模インフラは県がやるとして、あとは大体、基礎自治体に任せちゃえば大丈夫ってことですか？

警察も、例えばアメリカでは市がやっていますからね。日本でも消防は市がやっています。あとは、都道府県の代わりに広域連携の形をとる。少なくとも、情報伝達としての中間管理職は、国と基礎自治体だけで何の問題もないです。これについては私、いろいろなところで講演もしていたんです。地方分権の議論が活発だった頃に、国と基礎自治体の二層構造にして、あとは広域連携でやりましょうと。ただ、あまりにも議論が進まないので、今は子育て政策に特化していますけどね。

確かにそっちの方が、コストも下がってうまくいきそうな気もします。

大和朝廷から日本はもともと二層構造なんです。明治維新で初めて三層構造をとった理由は、鎖国していた日本を近代化するために、中央集権的な体制のもとで各地をまとめるためでした。当時は全国一律の時代でしたから、中間管理職としての都道府県をつくって、各エリアに情報を伝達しやすくしたわけです。ただ、デジタル時代の今となっては、三層構造である必要はほぼなくて。その構造がいまだに残っているのが、日本の変革を遅らせている理由の1つだと思います。

逆に、例えば泉さんが兵庫県知事になって、県という概念を全部なくす。明石地域担当課長みたいなポジションに就いて、兵庫藩みたいな形にして統括するのはどうですか？

実は昔、知事選出馬の話があって、悩んだことがあって。そのとき、仮に知事になったときの公約を考えたんです。それは、兵庫県を終わらせること。

なるほど。最後の県知事になると。

知事になったら都道府県を終わらせる。兵庫県なら、今ある中核市と、あとは丹波（たんば）、但馬（たじま）、淡路に分けて、分割します。で、尼崎・西宮・芦屋グループと、神戸グループと、明石グループと、姫路グループと……と、10くらいに分割して、それぞれに権限を下ろします。そうやって5年くらいかけて、兵庫県をたたんでいく。その方が予算編成も今より効率的になるし、職員も、二重行政や三重行政から脱して、各地域に降りて市民ときちんと向き合うことができる。そのくらいのことができるなら、知事になっても面白いなぁと思った時期もあったんだけど、ちょっとマニアックすぎて誰もついてこない(笑)。

でも泉さん、市長をご退任された後は、知事というポストも案外ありなんじゃないですか(笑)？

いやぁ、知事ってキャラじゃないですよ。

第7章

泉さんに政治家引退後の話を特別に聞いてみた

一般の人が立候補するという新しい選挙の形

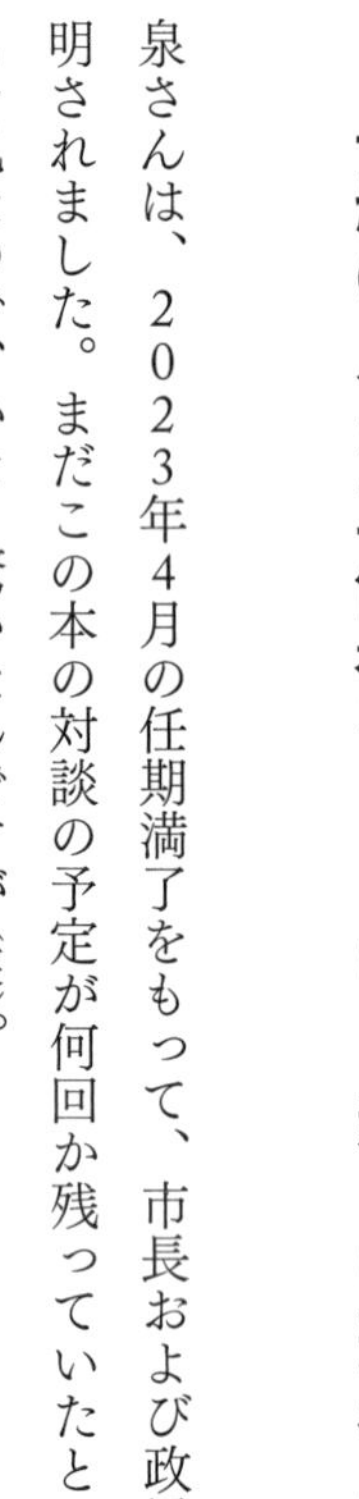

泉さんは、２０２３年４月の任期満了をもって、市長および政界を引退すると表明されました。まだこの本の対談の予定が何回か残っていたところでそのニュースを見たので、かなり驚いたんですが（笑）。

なんやかんやとお騒がせしまして（笑）。

一応読者のために説明しますが、泉さんは、２０１９年に一度、「パワハラ発言」の音声データが報じられたのを受けて辞職表明。その後の出直し選挙で見事、市長に返り咲いて、今回再び、市議会議員に対する暴言の責任を取って、退任表明ということになっています。

でもぶっちゃけ、簡単には辞めるに辞められない状況ですよ。街を歩けば「辞め

ないで！」って市民に取り囲まれるし、市役所にも何百通とお手紙が来てるような状態で。

今のご時世、暴言とかパワハラってまず許されないじゃないですか。企業なら倒産してもおかしくないくらいのスキャンダルだと思うんですが、ネットのコメントを見ると確かに、「辞めないで」っていう泉さん擁護派ばっかりでスゲェなぁと思いました。2022年12月現在では、メディアでもいろいろ情報が錯綜していますが、まずは任期満了までのプランを教えてください。

端的に言えば、明石市から新しい選挙の形を発信する。そのための準備ですね。

新しい選挙の形。

2023年4月の選挙で市長候補のみならず市議会議員候補も立てて、議会の過半数になればいいと思っています。同じ志の人に立候補していただき、市議会の

過半数をそういう人間で固めるんです。さらにその候補者は、普通の市民から選びます。普通のお茶の間の皆さんで、明石市をよくしようと心から思ってくれている人を担ぎ上げて、彼らに私のバトンを託すんです。

一般市民のいわゆる普通の人で、明石市のことをよくしようと思っている気概のある人は、どうやって見つけるんですか？

候補者公募もしていますけど、基本的には情報提供をしてもらって、私が直接口説きに行きます。市長を12年もやっているし、産まれも育ちも明石だから、市民のことはよう知ってますからね。理想は、いわゆる街の顔とか有力な人ではなく、本当に普通の一般市民です。例えば、子どものいるお母さんが、赤ちゃん抱えて立候補したっていいわけですよ。赤ちゃんと一緒でも十分できる仕事ですから、そういう人が議員になってこそ、明石はいい街になるんです。子育てもしたことないようなおっさんばかりが議員になるから、どんどんズレていくんであって。

じゃあそういう、泉さんの意思を引き継いだ人たちで議会を固めて、これまでの明石市の政策を継続していける見通しが立ったら、晴れて泉さんも引退ってことですか。残り半年弱、めちゃくちゃハードですね。

そうですね、むしろ今までよりアクセルを踏んで頑張らなきゃいけません。ただ、そこまでするのが、私の市長としての責任だと思いますので。そうでもしないと辞められないですよ。「無責任やないか」「この子が大きくなるまで市長を続けないと許さない」って市民に怒られているんですから、毎日。

市長なら「好き嫌い」で人事を決めるべきではない

でも実際のところ、いくらでもごまかして市長を続けることもできるわけじゃないですか。そしてその方が、市民のためになるっていう考え方もあります。あえてそうしなかったのは、泉さんの中の正義感というか、筋を通したのかなという感じがしました。

そこはやはり、3年前の暴言騒動で、一度やらかしてしまっているので。あのときは市民の皆さんが立ち上がって署名活動をしてくださって、今後は気をつけますという形で戻ってきた。このときに辞職のカードを切ってしまっているので、あと切れるのはもう引退のカードしかないですよ。ただし、途中で投げ出すと混乱するから、ちゃんと次の市長を立て、これまでの政策を継続できる環境を整えて、任期を務めて引退っていう形はとりました。加えて、私の中では3期12年が1つの大きな区切りで、こうなる前から次のステージを見据えていたのもあります。

ただ、3年前の暴言騒動は完全な謀略ですよ。私、市長になった12年前から盗聴されまくってて、「泉市長暴言テープ集」があるんですから。

そんなに暴言吐いてるんだっていうのと、そんなに盗聴されてるんだっていう2つの驚きがあります(笑)。

盗聴っていうか、職員がレコーダーをポケットの中に忍ばせてるっていうことでしょうけど。3年前の騒動も、その暴言テープ集から一番ホットなやつを切り取って、マスコミに送り付けただけです。随分昔のものですし、あの音声から受ける印象と、現場の雰囲気は全然違いましたから。

常に泉さんの失脚を狙ってる誰かがいるってことですね。

そりゃそうですよ。私が市長になったときは、全政党、業界団体、ほとんどの市役所職員を敵に回してたった1人でやってきた立場やから。で、市長になったら、人事異動はバンバンするわ、予算は変えるわ、改革しまくったから職員は大変ですわね。予算も、市営住宅をいきなり全面中止、下水道工事を600億から150億でしょ。そこに群がっている人たちは、「何してくれてんねん」ってことになります。

ただ、その群がっている人たちの中にも、知り合いとか、泉さんがお世話になった人とかもおそらくいるじゃないですか。そういう人たちを切るのは心が痛まないんですか？

そこはねぇ、まったく気にならないんですよ。それこそ象徴的なのが、私の妻のお父さん、私にとっての義父ですが、観光協会の会長だったんです。私が市長になってから、義父をクビにしました。

それ、毎年正月にどんな顔して挨拶するんですか（笑）。

普通に仲良しですよ（笑）。ただ、市長の親戚が、利害関係のあるところのトップっていうのは、見る人にとっては誤解を招きますやん。だから即刻クビにしました。それと、私の一番の選挙参謀も、市役所を出入り禁止にしました。そういう意味では、私はかなり非情ですけど、もはや地元では結構有名ですね。よく言えば忖度しない人だし、悪く言えば応援のしがいがなくて冷たい人（笑）。

普通に生活していくうえでは、義理と人情っていう概念はあるんですか？

それはもちろんありますよ（笑）。でも市長は公職だから、市長たるものはこうあるべきっていう姿を自分で演じているというか。市長は身内に便宜を図るべきではないし、選挙を応援してくれても重用すべきでない。逆に、ひどいことされたからって、その人を干すべきでもない。市長とケンカした相手を公共事業の入札から外すなんて、よくある話なんですよ。でも、それはあかん。選挙を応援しようが敵対しようが一緒やと。このあたりの価値判断は職員の中でも浸透していて、「どうかしているくらいちゃんとしてる人」だと言われます。

泉市長の暴言とひろゆきの暴言の「質」の違い

市長としてのロールモデルはちゃんと演じてらっしゃるのに、怒りの感情をコントロールすることは難しかった？

なかなか厳しい質問ですねぇ（笑）。お話しした通り、私の中には子ども時代に抱いた理不尽な社会に対しての復讐心があって、それを原動力としている部分があります。でも、もういい歳なんで、原点が怒りや復讐心っていうのはそろそろ終わりにしたいなという気持ちもあって。ただ、終わりにできないくらい、世の中は理不尽に満ち溢れている。そこを変えたいという自分の使命感は、根本的なものとして変わらないんです。

モチベーションはあってもいいと思うんですけど、暴言は吐かない方がいいくらいは、市長を演じるうえでもわかるじゃないですか？

そこは言い訳になるかもしれませんが、多分私には、多くの人にない能力があるんです。例えば、先が見えます。時代の流れとかニーズの展開の仕方が、非常にリアルにわかるんですよ。ある程度の未来を読み切って詰将棋のように政治をするから外れないんです。常に確実な政策をとっているつもりで、その能力には自信があるんですけど、半面、他の多くの人にある能力がない。例えば、歩いているときに、自動ドアにしょっちゅうぶつかるんですよね。あと、JRの自動改札もうまく通れない。扉が開く前に通ろうとするからぶつかるんです。通常の人が持つブレーキとかストッパーみたいなものが欠けているのか、スイッチが錆びているのかわかりませんが。

自動ドアや自動改札にぶつかる人は、確かに暴言も止められないかもしれません(笑)。なるほど、政治家や弁護士として他の人にない能力を持っている分、他の人にとっては当たり前の能力が欠けている。何か納得しました。

開き直ったらあかんねんけど。すみません。でも難しいですね。ひろゆきさんがすごいと思うのは、ホンマのことを面と向かって言うこと。多くの人が思い込んでいることを、「それホンマですか？」って平気で切り込んでいきますやん。切り込んでいくから叩かれるんだけど、それは、自分の目で見て聞いて、考えてものを言っているってことなので。私もタイプとしては似ていて、やったらあかんと言われても、「なんでやったらあかんの?」っていう素朴な疑問がベースなんです。ファーストペンギンが大好きなんですけど、そういう立ち位置が自分の役割だと意識してきた部分はあります。

言っちゃいけないことでも、言った方がいいと感じれば言ってしまうのは、僕と泉さんに共通する病気だと思うんですよね(笑)。

逆にひろゆきさんは、歯に衣着せぬ発言も多いですけど、暴言で炎上するイメージはあまりありません。発言で何か意識していることはあるんですか?

ちょいちょい炎上してますけどね(笑)。泉さんの怒りの本質には「こうしたい」「こうあるべきだ」っていう未来像があると思うんですよ。僕は例えば、「今、その人がどう考えているか」とか、「こうした方が効率いいんじゃないか」とか、「そういう考えもありか」とかで完結するんで、自分がどうしたいっていうのが基本

的にないんです。その思考が合理的かどうかっていう部分だけは気になるんですけど、あとは特にモチベーションがないので、必然的に強い言葉や暴言が生まれづらいんだと思います。考えもすぐに変わったりしますし。

確かに、ひろゆきさんは感情論じゃなくて、「それってどうなんですか？」という投げかけ系で対話しますよね。アンガーマネジメントでだいぶ勉強しましたけど、「べき」が強い人は怒りやすいそうなんです。「べき」には強弱と広狭があって、私の「べき」はめちゃくちゃ強くて狭い。怒る対象がシンプルで、政治家と公務員とマスコミです。それでいつもケンカして、全面戦争して負けるんですけど。

結局、アンガーマネジメントっていう方法論自体が何の役にも立たないってことですね（笑）。

いろいろ実践したんですけどねぇ（笑）。日記つけたり、腹が立ったらトイレに行くとか、呪文唱えるとか。きれいに引退できたらよかったけど、Ｆ１レーサーがトップスピードで壁にぶつかって、最後バーンと炎上して終わった感じやね（笑）。

でも、強いモチベーションがあるからこそ革命を起こせるわけで。子育て政策でこれだけの実績を残せた人は歴史上いないと思うので、壁にぶつかるまでは上々だったんじゃないですか。偉大なF1レーサーのアイルトン・セナも、最後は華々しく散りましたし……。

2021年に泉市長がツイッターを始めた本当の理由

ただ私の中では、3年前の暴言騒動の後に戻ってきてからは、あえてアクセルを踏んだ部分もあったんです。自分の役割は、ゼロからイチをつくること。それに全力で取り組もうと思っていたので、仲良くゆっくり、なんて思いませんでした。

子育て政策はもちろんですが、養育費の立て替えやパートナーシップ・ファミリーシップ制度、優生保護法被害者支援などをどんどん実現させていったのは、２０１９年以降です。どこかで壁にぶつかって自爆しても、ブレーキをかけずに形に残したいという思いが強かったんですね。

じゃあその頃から、市長退任のイメージがうっすら頭にあったんですか？

どうせいつかは辞めるだろうとは思っていました。だから途中から、私がいなくなってもきちんと機能するように、すべての取り組みを条例に置き換える作業に入りました。そして、２０２１年の12月21日にツイッターを開始。私としては、これはある種の締め作業に近くて。

ツイッターを始められた頃は、泉さんの中の、市長としての終わりはほぼ見えていたわけですね。

その通りです。そこからはツイッターを使って、市長として明石市で達成したことを全国に発信することに注力しました。明石市の施策は全国でも取り組み可能であることを伝えたかったんです。そこで自爆しましたけど、それもある意味しょうがないと。暴言を吐いて辞めるなら、それもそれかなという思いも心の奥にあったかもしれません。

先ほど「次のステージへ」という言葉がありましたが、次の選挙が終わった後は、具体的なプランはあるんですか？国会の方へ行くとか。

ゆっくりしますよ、しばらく。

泉さん、ゆっくりとかできないでしょ（笑）。

3日くらいはできます（笑）。

対立があったときはいつも市民の側についてきた

真面目な話で言うと、実は少し前から、全国の市長候補の人からたくさん連絡をいただいているんですよ。市長選挙を手伝ってほしいとか、街づくりのアドバイスが欲しいとかで。本来、私は参謀向きで。その人のよさを引き出してサポートするのが得意なんです。今までプレイヤーとしてやってきたけど、早口だしキャラ濃いしで、実はあまり向いてないんですよね。それならいっそ、自分が監督になって、若くていい政治家を世に送り出すサポートをしていきたいなと。

今までの泉さんのやり方を聞いていると、予算の動かし方にせよ人事権の使い方にせよ、アドバイスされたくらいでは実践するのがなかなか難しいと思うんですよ。それならいっそ、副知事や副市長になって、トップのサポートに回る方が早くないですか？

1つの場所に長くいるタイプじゃないので、向かないと思いますよ。仮に「副」という立場で留まったとしても、副知事とか副市長って何の権限もないから、面白くないというか。

そうなんですか。ほうほう。

お話しした通り、権限というのは本来、知事や市長が持っているものなんです。ただ多くの知事や市長は、行政や組織に詳しくないから、全権を副知事や副市長に委任してしまうんですね。言わずもがな、それは根本的に間違いで。市長が市民のために権限を行使するのが本筋です。市長が見ているものが市民なら、副知事や副市長が見ている先にあるものは、組織なんですよ。副は基本的に、議会対策をして円滑に組織を回し、役所の職員に気持ちよく働いてもらうために動いているんです。

なるほど。じゃあ泉さんみたいに、市長が何か革命を起こそうとすると、「殿、

ご乱心を」って止めるのが副市長の役割ってことですね。

そういうことになります。2022年春に、明石市も副市長2人が同時退任して、そのことが大きく報道されましたけど、結局私は副市長より市民を選んだということなんです。議会と市民の対立で市民を選び続けているから、そのたびに議会で揉めたり副市長が辞めたりするのは当然で。だから何があったって、市民は私の味方してくれるんでしょうね。

「心ある政治家が活躍できる世界をつくりたい」

それじゃあむしろ、国政の方へ行くのはどうなんですか？　市長をやる中で国とぶつかっていた部分があるなら、そこを改善するために国政に参加するっていうのもありだと思います。

国会議員になったって立ったり座ったりするだけやし、そもそもこんなに口が悪くてはやっていけませんやん（笑）。国政に関しては、複数の政党から顧問になってくれっていうオファーが来たりもしてるんです。ありがたいことに、暴言を吐いた後でも子ども家庭庁からヒアリングのオファーをいただいていますし、養育費の制度設計のお手伝いもさせてもらってます。そういう形で、一定程度の知恵袋というか、少し引いた場所から政策提言したり、ＳＮＳを使って意見を発信するのが自分に合っているのかなとは思います。それこそ発信力で言うと、どこぞの国会議員なんかよりも、ひろゆきさんや成田さんの方が影響力は大きいですやん。私がどこまでできるかわかりませんが、明石市でやってきたことをベースに、「本来は国でやるべきことやぞ！」っていうメッセージを発信する。そういう手段で国に働きかけるステージに、ゆっくりとシフトしていくイメージですね。

個人的には、「泉印」じゃないですけど、泉さんがこれまで築き上げたノウハウを市町村で実践して成功例をバンバンつくって、泉印がついたノウハウが継承されていって、日本の３分の１くらいの自治体に何らかの変化が訪れればいいなと思うんです。国が動かないから、地方からひっくり返していく。その手段として、泉さんのノウハウがいろいろな場所で導入されていけばよくて、そのアドバイザーとして、引退後の泉さんは全国を飛び回るっていう。

もちろん、そういうストーリーもあると思います。それも含めて、心ある政治家をつくり出すっていうのが、1つ自分の中の大きなテーマになるかもしれません。今は、休止していたツイッターも再開させましたし、政治家養成オンラインサロンを展開するアイデアなんかもあって、新たな試みに今からワクワクしています。そういう意味では、冒頭にお話しした新しい選挙の形も、明石に限らず全国に取り入れられるよう、働きかけていきたいと思っています。選挙って、みんな勘違いしているけど、非常にシンプルで美しい制度なんです。どんな金持ちも貧乏人も、有名人も無名の人も同じ1票で、誰でも平等に候補者になれる。そして忘れてはいけないのが、市民の数の方が圧倒的に多いという事実です。どんな政党や業界団体よりも市民の力が強くて、彼らの味方になれば、選挙には絶対に勝てる。そういう仕組みに選挙をつくり変えることは、街をつくり変えることに他なりません。これを明石市から始めて、心ある政治家が活躍できるような土壌を日本で耕していきたいなと強く感じています。

市長を引退されたら、ゆっくりするどころか今まで以上に忙しくなりそうですね。

髪の毛は白いですけどまだ還暦前なので、いろいろな可能性はあると思っています。ただ、偉そうなことをいろいろと語りましたけど、結局未来のことはわかりません。今はひとまず任期までやり遂げるのみですし、ひょっとしたら、3年後くらいにひろゆきさんとM-1に出てるかもしれないし(笑)。

僕がツッコミで、泉さんがボケってことでいいですか(笑)。

おわりに——ひろゆき

対談を通して泉さんの本当の戦略がわかった

明石市の子ども向けの政策が全国のニュースで取り上げられ、明石市「5つの無料化」みたいな言われ方をして、近隣の地方自治体でも真似するところが出てきました。

より多くの地方自治体が明石市のように子どもを育てやすい街づくりをすることで、人口が増えて経済が活発になることは、普通に考えてよいことだと思います。

……というのが、今回の対談をする前の明石市長の泉さんの政策への感想です。同じような感想を持った人は多いと思います。

今回、泉さんと対談をした後にわかったのは、子育て支援政策のように見せかけて、その裏には、子育て世代だけでなく、より多くの人が住みやすい街にするための一石二鳥や三鳥の目的があったりしたことです。

例えば、明石市では、車椅子の人が通りやすいように店舗にスロープをつける場合に助成金を出しています。一見、障害者のためだけの政策のように見えますが、ベビーカーでもお店に入りやすくなる仕掛けで、子育て政策でもあるわけです。

「オムツ定期便」は、毎月オムツが無料で届くサービスという説明がされがちです。表向きにはそれで十分なんですが、実態としては違う目的もあったりします。オムツを普通の宅配便で届けるのかと思いきや、オムツを届けに来るのは、子育て経験のある女性だったりするわけです。

なぜなら、子育てをしたことがない親が家の中で子どもと2人きりの生活をしているストレスや悩みを相談できる、子育ての先輩が毎月家に来てくれるというサービスでもあるからです。そこで、月齢期に合わせたアドバイスや、その地域でのママ友をつくりやすい環境だったりを提供しているのです。それに、子育て経験のある女性の雇用を増やしているとも言えます。

そこらへんの泉さんの深謀遠慮はまだまだ世には広まっていないので、明石市の政策を真似したい方はぜひもう一度、ちゃんと本書を読んでみてくださいね、と。

ブックデザイン　三森健太（JUNGLE）
イラスト　FUJIKO
執筆協力　荒井奈央
撮影　木村文平（カバー写真・ひろゆき）
DTP　思机舎
校正　山崎春江
編集　金子拓也

泉 房穂（いずみ・ふさほ）

1963年、兵庫県明石市生まれ。東京大学教育学部卒業。NHKディレクター、弁護士を経て、2003年に衆議院議員となり、犯罪被害者等基本法や高齢者虐待防止法などの立法化を担当。2011年に明石市長に就任。特に少子化対策に力を入れた街づくりを行う。主な著書に『社会の変え方』（ライツ社）、『子どものまちのつくり方』（明石書店）ほか。

ひろゆき

1976年、神奈川県生まれ。東京都に移り、中央大学へと進学。在学中に、アメリカ・アーカンソー州に留学。1999年、インターネットの匿名掲示板「2ちゃんねる」を開設し、管理人になる。2005年、株式会社ニワンゴの取締役管理人に就任し、「ニコニコ動画」を開始。2009年に「2ちゃんねる」の譲渡を発表。2015年、英語圏最大の匿名掲示板「4chan」の管理人に。2019年、「ペンギン村」をリリース。『1％の努力』（ダイヤモンド社）をはじめ著書多数。

少子化対策したら人も街も幸せになったって本当ですか？

2023年2月1日　初版発行

著者／泉 房穂、ひろゆき

発行者／山下 直久

発行／株式会社KADOKAWA
〒102-8177　東京都千代田区富士見2-13-3
電話　0570-002-301（ナビダイヤル）

印刷所／図書印刷株式会社

●お問い合わせ
https://www.kadokawa.co.jp/（「お問い合わせ」へお進みください）
※内容によっては、お答えできない場合があります。
※サポートは日本国内のみとさせていただきます。
※Japanese text only

定価はカバーに表示してあります。

ISBN 978-4-04-605974-1　C0036